Klaus Douglass • Kai Scheunemann • Fabian Vogt

Ein Traum von Kirche

Wie ein Gottesdienst für Kirchendistanzierte eine Gemeinde verändert

Projektion J Verlag

Dem GoSpecial-Team mit riesigem Dank!
Ohne Euch wäre der Traum
nicht wahr geworden.

Auf der Grundlage der neuen Rechtschreibregeln.

ISBN 3-89490-206-X

Umschlaggestaltung: Hanni Plato
Lektorat: Fred Ritzhaupt, Projektion J Verlag
Satz: Projektion J Verlag
Druck und Verarbeitung: Ebner Ulm

Inhalt

Vorwort

Wie sieht es eigentlich in Ihrer Gemeinde aus? Ist es vielleicht so: Alles läuft traumhaft gut, die Predigten sind Woche für Woche hinreißend; Sie nehmen regelmäßig Ihre nichtchristlichen Freunde in Ihren Gottesdienst mit, weil der eine wirklich schöne, bereichernde und vor allem zeitgemäße Veranstaltung ist, die niemand versäumen will; die wachsende Gemeinschaft lebt wie eine fröhliche Familie zusammen; wer zu Ihnen kommt, spürt, dass hier die Liebe Gottes die Atmosphäre prägt, und jeder Tag ohne Kirche ist für Sie ein verlorener Tag. Ist es so? Gratuliere!

Dann lesen Sie dieses Buch einfach nur, um sich daran zu freuen, dass andere von so etwas träumen (und vielleicht ein bisschen neidisch auf Sie sind).

Vielleicht ist es aber auch so: Alle geben sich redlich Mühe in Ihrer Kirche, nur die rechte Vision für eine lebendige Gemeinde fehlt. Da stehen bewährte Traditionen der Veränderung im Weg; viele Beziehungen bleiben oberflächlich; man weiß nicht so recht, wie man im Alltag zu seinem Glauben stehen kann; und für die Bekannten aus dem Basketballverein oder der Ikebanagruppe wären die Gottesdienste ohnehin nichts, die würden ja nicht einmal die Sprache verstehen! Und so droht Ihr Traum von einer faszinierenden und motivierenden Gemeinschaft von Christen durch die Realität erdrückt zu werden? Ist es so? Dann herzlich willkommen, denn Sie sind nicht allein! Lesen Sie dieses Buch, um Ihren Traum nicht kleiner, sondern um ihn größer werden zu lassen – und um ihn umzusetzen.

Wahrscheinlich halten Sie den ersten Absatz für etwas überzogen. Klingt doch alles ein bisschen zu schön, um wahr zu sein. Aber genau so ist das mit Träumen! Sie sind immer größer als unsere Realität, denn sonst hätten wir sie ja schon längst realisiert. Träumen heißt: das Gegebene, mit dem man unzufrieden ist, nicht einfach hinzunehmen. Und nichts anderes wollen diese Kapitel: Ihnen Mut machen, Ihren Traum von Kirche zu träumen und ihn wahr werden zu lassen. Und sie wollen anhand eines konkreten Beispiels – nämlich der Entwicklung eines Gottesdienstes für Kirchendistanzierte – zeigen, wie die ersten Schritte dazu aussehen könnten.

Wahrscheinlich haben wir im Laufe der Jahrhunderte ein bisschen verlernt, als Gemeinden zu träumen. Dabei gehören Träume zum Urbestand des Glaubens. Eine der schönsten biblischen Prophezeihungen besagt, dass Menschen, die von Gott befreit werden, »wie die Träumenden« sein werden (Psalm 126). Sie werden zum Träumen befreit. Ihr Leben wird von der Zukunft Gottes bestimmt, und sie können eine Hoffnung ausstrahlen, die andere ansteckt und etwas in Bewegung setzt. Die Bibel meint damit übrigens etwas ganz Bodenständiges, keine abgehobene Schwärmerei. Alle Träume der Bibel haben konkret mit der Realität zu tun. Darum gilt: Die Kirche der Zukunft wird eine Kirche der Träumer sein. Anders geht es gar nicht. Solange wir als Christen unserer Zeit hinterherhinken, verlieren wir immer mehr an Bedeutung; wenn wir aber vorausdenken, werden wir mitreißen. Überall da, wo Gemeinden sich nur noch mit Besitzstandswahrung und der Pflege der Vergangenheit beschäftigen, berauben sie sich ihrer Zukunft. Dort aber, wo sie von der Zukunft träumen, haben sie eine.

Wir, die Herausgeber, haben die Erfahrung gemacht, dass es in fast jeder Gemeinde Träumer gibt – oder Menschen, die, wenn sie erst einmal wagen zu träumen, gar nicht mehr aufhören wollen. Christen, die eine tiefe Sehnsucht in sich haben, dass ihre Gemeinden anfangen, zu blühen und nach außen zu strahlen, anfangen, in dieser Gesellschaft positive Zeichen zu setzen und Menschen zu erreichen, die vorher mit Glaube und Kirche nicht viel anfangen konnten. Allerdings schrecken sie häufig vor den konkreten Gegebenheiten ihrer Gemeinde oder auch ihrer eigenen Unsicherheit zurück. Diese »Träumer« wollen wir anspornen. Wir glauben, dass ein Traum keine bloße Illusion ist.

Die Andreasgemeinde in Niederhöchstadt bei Frankfurt hat es einfach ausprobiert: Inspiriert von der außergewöhnlich kreativen Gemeinde *Willow Creek* bei Chicago, feiert sie einmal im Monat den »etwas anderen Gottesdienst« *GoSpecial*, der mit interessanten Themen und mit modernen, künstlerischen Formen die Erfahrungswelt und die Wünsche der Menschen von heute ernst nimmt, kurz: der sensibel sein möchte für Menschen, die nach Gott suchen. Inzwischen lassen sich regelmäßig über 700 Besucher von dem ungewöhnlichen Konzept einladen, Gott von einer ganz neuen Seite kennen zu lernen. Und auch die Ortsgemeinde verändert sich zusehends.

In diesem Buch erzählen wir als Leiter von *GoSpecial* so anschaulich und konkret wie möglich und hoffentlich auch motivierend genug von unserer Vision für eine lebendige und menschenfreundliche Gemeinde: davon, wie alles gekommen ist, von der Aufbauarbeit, den notwendigen Schritten, den kreativen und organisatorischen Prozessen, aber auch von immer wieder auftauchenden Fragen und Problemen beim Gestalten einer Kirche, die eine echte Chance hat im nächsten Jahrtausend.

Dabei wollen wir Sie keineswegs auffordern, unser Modell einfach nachzuahmen. Dieses Buch kann Sie ein wenig zum Träumen anleiten, es kann Ihnen auch Schritte aufzeigen, wie Sie anfangen können, diesen Traum Stück für Stück in die Tat umzusetzen. Es nimmt Ihnen aber nicht die Arbeit ab, Ihren eigenen Traum auf die konkreten Gegebenheiten vor Ort zu übertragen. Vielleicht lassen Sie sich ein wenig inspirieren, ersparen sich den einen oder anderen Fehler, den wir gemacht haben, und übernehmen hier und da einen bewährten Einfall.

Wenn Sie nach der Lektüre dieses Buches sagen: »Schön, dass es das gibt, aber bei uns funktioniert so ein Konzept sowieso nicht«, dann haben wir uns leider nicht richtig verstanden. Das wäre sehr schade, denn wir sind überzeugt, dass die Prinzipien, die wir ausprobiert haben, überall – wenn auch in ganz unterschiedlichen Formen – zu lebendigen Gemeinden führen können. Wenn Sie hingegen mit leicht erhöhtem Pulsschlag Ihre besten Freundinnen und Freunde anrufen und einen Termin ausmachen, um mit ihnen zu überlegen, wie Sie miteinander zumindest für Ihren Ort die Kirche des neuen Jahrtausends entwickeln können, dann geht Ihr Traum schon los.

Wo zwei oder drei in seinem Namen zusammen träumen, da träumt Jesus mit. Das glauben wir und dazu will dieses Buch einladen. Gottes Segen und viel Mut wünschen Ihnen

Klaus, Kai und Fabian

Kapitel 1

»Dein Traum muss größer sein als deine Angst«

Die *GoSpecial*-Story, ganz privat

In diesem Kapitel werden Sie Zeuge einer etwas verrückten, aber unglaublich anregenden Geschichte: der Entwicklung einer Idee vom ersten Gedankenblitz bis zur konkreten Umsetzung. Die drei Leiter von GoSpecial erzählen jeweils aus ihrer persönlichen Perspektive, wie sie Teil dieses Traumes von einer veränderten Kirche wurden und welche Erfahrungen für sie die entscheidenden Weichenstellungen auslösten.

Klaus:

Es gibt eine Situation, in der ich regelmäßig alles Gottvertrauen verliere. Setzen Sie mich in ein Flugzeug und ich bekomme eine Krise. Man hat mir schon hundert Mal erklärt, dass das Flugzeug das sicherste Verkehrsmittel der Welt ist, aber was nützt mir das, wenn ausgerechnet dasjenige, in dem ich sitze, abstürzt? Ich weiß, ich kann nicht tiefer fallen als in Gottes Hand. Aber ich hasse den Gedanken, in diese Hand ausgerechnet *fallen* zu müssen. Mir wird schon schwindlig, wenn ich mich auf einen Tisch setze, und ich bin auch nie gern vom Einmeterbrett gesprungen.

Warum also saß ich an jenem 6. November 1993 in einem Flieger von Frankfurt nach Chicago? Diese Frage hatte ich mir wohl an die hundert Mal gestellt, während ich mich schweißgebadet an meinem Sitz festkrallte und mein Gewicht nach rechts verlagerte, weil das Flugzeug eine leichte Linkskurve machte. »Weil du ein Träumer bist, du Idiot«, sagte jene Hirnhälfte, die ich für meine linke hielt, zu der anderen. Die beiden lagen gerade in heftigem Streit miteinander – wie immer, wenn ich fliege.

Meine ganze Gemeinde betete für diesen Flug – nicht, dass sie es für notwendig erachtete, schließlich beten auch die wenigsten meiner Gemeindeglieder für mich, wenn ich mit dem Aufzug fahre. Aber ich hatte in den Tagen vor meinem Flug nahezu jedem, der mir über den Weg lief, das Versprechen abgenötigt, es zu tun. Da saß ich Glaubensriese also im Flieger und beschimpfte mich selbst. Als ob es in Deutschland nicht interessante Gemeinden genug gäbe! Warum musste ich ausgerechnet in die USA fliegen …?

Schnitt! Es war sechs Monate vorher, der Abend vor Pfingsten. Ich hatte eine Predigt vorbereitet, mit der ich nicht zufrieden war. Meine Frau kam ins Schlafzimmer und sagte: »Du, das musst du mal lesen. Hier ist ein Artikel über eine Gemeinde in den USA – so etwas habe ich noch nicht gehört.« Der Artikel stand in der Zeitschrift »Gemeindewachstum« (heute heißt sie »Praxis«) und stellte einen gewissen Bill Hybels vor, der als Hauptredner auf einem Gemeindekongress in Nürnberg reden sollte. Hybels wurde als Pastor der zweitgrößten Gemeinde der USA vorgestellt. In rund 18 Jahren hatte sich eine engagierte Gruppe junger Leute unter seiner Leitung zu einer Gemeinde mit durchschnittlich 15 000 Gottesdienstbesuchern entwickelt. Das alleine sprach mich noch nicht sonderlich an. Mega-Gemeinden gibt es in den USA einige, und ich hatte so meine Vermutung, dass die Breitenwirkung solcher Gemeinden auf Kosten der nötigen Tiefe erkauft wurde. Amerikanische Fernsehevangelisten, die ich im Kabel-TV gesehen hatte und deren Predigten ich teilweise für äußerst dünn, teilweise sogar für bedenklich und in den seltensten Fällen als wirklich seriös erachtete, hatten immer wieder meinen Verdacht kräftig genährt.

Was mich allerdings aufhorchen ließ, war die Philosophie dieses Amerikaners, der jedes Mal, bevor er predigt, betet: »Herr, ich wünsche mir, dass dies die klarste und hilfreichste Predigt wird, die ich je gehalten habe.« Ich musste unwillkürlich an meine eher mittelmäßige Pfingstpredigt denken und las interessiert weiter. »Alles in Willow Creek«, so stand dort, »vom Mobiliar über die Planung des Gottesdienstes bis zur Auswahl der Musik, wurde entworfen, um für Kirchendistanzierte eine angenehme und freundliche Atmosphäre zu schaffen.« Diese Gemeinde gab sich völlig dem Ziel hin, Menschen, die sich von der Kirche und vom christlichen Glauben abgewandt hatten, für Christus zu gewinnen.

Das sprach mich sehr an, denn ich selbst hatte eine ähnliche Vision. Auch ich wollte, dass sich Menschen, die dem christlichen Glauben eher distanziert und abwartend gegenüberstehen, bei uns wohl fühlen, eine Weile lang an unserem Gemeindeleben teilnehmen und auf diese Weise zum Glauben kommen.

In gewisser Weise war mir das durchaus gelungen. Ich hatte 1989, als ich in die Andreasgemeinde Niederhöchstadt kam, einen durchschnittlichen Gottesdienstbesuch von gut 30 bis 40 Leuten vorgefunden. Die Zusammensetzung der Gottesdienstbesucher entsprach dabei keineswegs der relativ jungen Bevölkerungsstruktur vor Ort. Durch intensive Bemühungen, unsere Gottesdienste möglichst ansprechend zu gestalten, durch einen Glaubenskurs, den ich regelmäßig anbot, sowie durch eine Hauskreis-Struktur, die wir aufbauen konnten (außer einem Jugend-Hauskreis, den ich bereits vorgefunden hatte, gab es 1993 bereits vier neue Hauskreise), war unser Gottesdienstbesuch mittlerweile auf rund 100–120 Personen angewachsen. Es war in unserer Gemeinde mittlerweile schon recht lebendig geworden.

Aber irgendwann trat so etwas wie ein Stillstand ein und es ging nicht mehr richtig voran. Damals antwortete ich auf die Frage, wie ich das Wachstum der Gemeinde einschätzte: »Wir haben schon eine Menge erreicht, aber ich bin noch nicht zufrieden.« Warum war ich nicht zufrieden? Weil es immer noch im Wesentlichen mein Traum war, eine Kirche für Distanzierte zu bauen. Ich hatte eine Menge engagierter Mitarbeiter für die Gemeindearbeit gefunden, aber meinen Traum von einer »Kirche für andere« träumte ich weitgehend noch alleine.

Die 120er-Grenze ist in der Gemeindeentwicklung eine Schallmauer. Ab dieser Zahl wird es in einer Gemeinde zunehmend unüberblickbar. Die Rolle des Pastors wandelt sich vom Hirten (der »für alle« da ist) zum Rancher (der für »das Ganze« da ist). Das heißt in der Praxis, dass die Kontakte der einzelnen Gemeindeglieder zum Pastor seltener werden. Man kennt nicht mehr jeden, eine Vielzahl neuer Arbeitsfelder kommt hinzu, die alten Organisationsstrukturen erweisen sich als zunehmend ungeeignet, um mit der neuen Situation fertig zu werden. Kurz gefasst: Das Ganze ist unbequem, und nur wenige Gemeinden sind bereit, die Veränderungen vorzunehmen, die notwendig sind, um eine wachsende Anzahl von Menschen für Christus zu gewinnen. Mit unserer Gemeinde war es nicht anders: Sie fühlte sich im gerade noch überschaubaren Kreis einfach zu wohl, um weiter neue Leute aufzunehmen.

14

In jener Nacht vor Pfingsten lag ich stundenlang wach und überlegte ernsthaft, ob ich nicht eine völlig andere Pfingstpredigt halten sollte. Ich wollte meiner Gemeinde brühwarm die unglaubliche Erfolgsstory von *Willow Creek* erzählen, von der Vision, von der diese Gemeinde getrieben wurde, und von der dortigen Dienstphilosophie und wie sehr mich das alles ansprach. Meine Frau hielt mich davon ab: »Besuche lieber erst mal diesen Kongress und schau, ob das Ganze echt und integer ist; denke es richtig durch und dann präsentiere es der Gemeinde!«

Wenig Tage darauf passierte etwas, das mir wie ein Zeichen Gottes vorkam: Ein Freund lud mich zu sich in die USA ein. Er wusste nichts von all diesen Zusammenhängen. Und wie der »Zufall« so will: Er wohnt eine halbe Autostunde von *Willow Creek* entfernt. Er hatte mich schon öfter eingeladen, doch ich hatte immer abgelehnt. Doch diesmal wurde ich im Gebet den Eindruck nicht los, die Einladung annehmen zu sollen. Im November hatte ich ohnehin einen vierwöchigen Fortbildungsurlaub anzutreten, also buchte ich das Ticket. Ich setzte mich in das Flugzeug, weil ich einen Traum hatte, der größer war als meine Angst.

Es macht an dieser Stelle wenig Sinn, meine Erlebnisse in Chicago im Einzelnen zu schildern. Kai Scheunemann hat in seinem kleinen Buch »Kirche für Distanzierte« die Entwicklung und die Philosophie dieser Gemeinde sehr schön systematisiert dargestellt. Nur ein paar sehr subjektive Eindrücke meines Aufenthaltes in *Willow Creek* möchte ich im Folgenden wiedergeben. Von den vielen Dingen, die mich beeindruckten, bewegten mich sieben in besonderer Weise.

Was bei meinem Besuch in *Willow Creek* bei mir einen nachhaltigen Eindruck hinterließ:

1. Die *Willow Creek*-Gemeinde hat das klare Ziel definiert, sich für Kirchendistanzierte zu öffnen und diese durch einen eigens für sie konzipierten, hochgradig at-

traktiven Gottesdienst und andere flankierende Angebote an den christlichen Glauben heranzuführen, ja, sie im Endeffekt dabei zu unterstützen, zu »hingegebenen Nachfolgern Jesu Christi« zu werden. Diese Zielvorgabe ist Maßstab der gesamten Gemeindearbeit.

2. Beeindruckend war für mich außerdem das hohe Maß an Glaubwürdigkeit und Transparenz, das in dieser Gemeinde herrscht. Gerade Kirchendistanzierte haben ein sehr ausgeprägtes Sensorium für das, was an einer Kirche echt ist und was nicht. Darum ist Authentizität ein hoher Wert in dieser Gemeinde. Ich habe in *Willow Creek* ein hohes Maß an Offenheit erlebt: offene Büros, offene Finanzen, offene Gesichter und offene Worte.

3. In *Willow Creek* kennt jedes Gemeindeglied die Gaben, die es von Gott bekommen hat, und übt sie auch aus. Jeder, der zur Gemeinde hinzustößt, durchläuft das *Network*-Seminar (das auf Deutsch »D.I.E.N.S.T.« heißt: **D**ienen **i**m **E**inklang von **N**eigungen, **S**tärken und **T**alenten), in dem es darum geht, seine Persönlichkeitsstruktur und seine (geistlichen) Gaben herauszufinden. Das hat zur Folge, dass die einzelnen Mitarbeiter ihre Arbeit nicht nur gut, sondern auch gerne machen.

4. Die Mitarbeiter der Gemeinde arbeiten mit ganzer Hingabe. Jeder, vom leitenden Pastor bis hin zu den Toilettenreinigungsteams, bemüht sich nach Kräften, sein persönlich Bestes für die Gemeinde zu geben. Die Mitarbeiter in *Willow Creek* haben ein starkes Bewusstsein des gemeinsamen Auftrages und sind in ihre Gemeinde regelrecht »verliebt«. Das Ergebnis ist eine Dienstphilosophie, die für mich bis auf den heutigen Tag ohne Beispiel ist.

5. Damit verbunden ist der ausgesprochen hohe Qualitätsstandard der Gemeinde. Jede einzelne Gemeindeveranstaltung wird sorgfältig ausgewertet und auf Verbesserungsmöglichkeiten hin überprüft. *Willow Creek* frönt keinem neurotischen Perfektionismus, ist aber fest davon überzeugt, dass hervorragende Leistung

a) Gott ehrt,
b) Menschen inspiriert,
c) kirchendistanzierte Menschen anzieht,
d) persönliche Erfüllung bringt.

6. Jedes Gemeindeglied und jeder Mitarbeiter in *Willow Creek* ist Mitglied eines Hauskreises bzw. einer Kleingruppe. *Willow Creek* möchte nicht nur eine Gemeinde sein, die (egal, wie viele) Kleingruppen hat, sondern eine Gemeinde, die aus Kleingruppen besteht. Mit dem enormen äußeren Wachstum in *Willow Creek* korrespondiert eine lebendige Infrastruktur vieler kleiner, vernetzter, geistlicher Keimzellen.

7. Das Geheimnis, warum so viele Menschen in *Willow Creek* zum Glauben finden, sind nicht nur die Gottesdienste, die speziell auf suchende Menschen ausgerichtet sind, sondern vor allem das Konzept der »Evangelisation von Mensch zu Mensch«. Jedes Gemeindeglied lernt in *Willow Creek*, die Grundbegriffe seines Glaubens in wenigen Sätzen zu formulieren, um in Gesprächen im Freundeskreis oder am Arbeitsplatz Rede und Antwort stehen und Menschen zu Christus führen zu können.

Ich weiß nicht, warum es gerade diese sieben Dinge waren, die mich besonders beeindruckten, aber sie wurden zu den Eckpfeilern meines Traumes von Kirche, den ich aus Chicago mit nach Hause brachte. Die Etablierung eines »Offenen Gottesdienstes«, der besonders auf kirchendistanzierte Menschen ausgerichtet ist, war nur ein Teilaspekt dieses Traumes, aber er wurde gewissermaßen zu seinem Symbol. Mit der Einrichtung eines Gottesdienstes für Kirchendistanzierte verließ unsere Gemeinde endgültig ihre alten Ufer.

Fabian:

Bevor ich nach Niederhöchstadt kam, war ich fünf Jahre lang als christlicher Kabarettist unterwegs gewesen. Ich zog singend und lachend durch die Kirchen Deutschlands und erzählte frech und überspitzt, wie ich eine Gemeinde nicht haben will, welche alptraumartigen Dinge einem dort widerfahren können und welches »Horrorkabinett« jemand bisweilen betritt, der von Glauben und Gottesdiensten überhaupt keine Ahnung hat, aber zufällig in eine Gemeinde hineingerät. Er muss sich – so der Tenor meiner kabarettistischen Programme – vorkommen wie einer, der in eine andere Dimension versetzt wird, denn mit seiner eigenen Lebenserfahrung hat das alles nur sehr, sehr wenig zu tun. Diese sarkastisch-ironische Auseinandersetzung mit den Schwächen der Kirche sorgte allerdings nicht nur für ausgelassene Heiterkeit, sie sprach vielen Zuschauern auch aus der Seele.

Irgendwann wurde mir dann klar, dass man zwar schnell willige Mitstreiter und -lästerer findet, wenn man an der Kirche und den oft so fremd gewordenen Traditionen herummäkelt – denn jeder kann sofort sagen, was er schlecht bzw. verbesserungswürdig findet –, aber dass man nur ganz selten Menschen begegnet, die wirklich eine Vision haben, wie denn umgekehrt eine lebendige, veränderte Gemeinde aussehen könnte. Tatsächlich gibt es Experten für destruktive Kritik wie Sand am Meer, aber – selbst wenn sie mit ihren Tadeln Recht haben – sie verändern nichts. Genau zu diesem Zeitpunkt gaben wir ein Konzert in der Andreasgemeinde Niederhöchstadt. Auch dort lachten die Leute herzlich mit, aber irgendetwas war anders. Diese Gemeinde hatte sich bereits auf den Weg gemacht. Viele unserer kritischen Pointen trafen zwar, ernteten aber eine besonders enthusiastische Zustimmung. Klaus Douglass – der Pfarrer dieser Gemeinde – erzählte mir daraufhin seinen Traum von einer Kirche, die Menschen ernst und das Leben leicht nimmt. Und plötzlich dachte ich: *Genau! Lass uns einfach mal richtig loslegen. Nicht nur kritisieren, sondern experimentieren, spielen und etwas riskieren.* Ich bewarb mich als Vikar in dieser Gemeinde.

Einige Monate später saßen wir zusammen bei einem ersten »Treffen der Träumer« in der Andreasgemeinde. Wir waren 15 Mitarbeiterinnen und Mitarbeiter, die Lust auf einen neuen Gottesdienst hatten, ohne zu wissen, auf was wir uns eigentlich einließen. Von einem aber waren wir überzeugt: »Es geht auch anders und wir wollen es probieren.« Darum wurde erst einmal gemeinsam an der Vision gearbeitet. Und auch wenn es damals wohl keinen gab, der hätte sagen können, wie und wozu sich dieses Projekt »Neuer Gottesdienst« entwickeln würde, tanzte ein gesunder Optimismus durch den Raum. Dass man dabei einfach in großen Dimensionen denken muss, wurde vor allem an den Witzen deutlich: »Vielleicht sollten wir sicherheitshalber schon einmal das Bürgerzentrum reservieren.« (Lautes Gelächter. Inzwischen sind wir regelmäßig in der großen, städtischen Veranstaltungshalle.) »Wir werden eben ein paar Hauptamtliche einstellen müssen.« (Schmunzeln. Inzwischen arbeiten zwei hauptamtliche Theologen für *Go-Special*. Darüber hinaus finanziert der Gemeindeaufbauverein der Andreasgemeinde einen Jugendpastor und eine Fachkraft für Seniorenarbeit) »Schön wird es, wenn wir wie in *Willow Creek* mehrere Bands haben.« (Müdes Lächeln der drei Gemeindemusiker. Inzwischen haben wir vier Musikgruppen.) Natürlich war das alles auch ein bisschen Selbstmotivation, aber inzwischen bin ich überzeugt, dass man bei Gott nie zu groß denken kann.

Dann passierte etwas, das für meine gesamte Gemeindearbeit bis heute prägend geblieben ist: Wir nahmen uns als Team den vorhandenen Gottesdienst vor und gingen gemeinsam durch, welche bereits vorhandenen Elemente wir in das Projekt übernehmen konnten und wollten. Diese Auseinandersetzung mit den traditionellen Gottesdiensterfahrungen, die ich jeder Gemeinde nur empfehlen kann – auch wenn sie keinen zweiten Gottesdienst plant –, wurde zu einer aufregenden Reise durch unsere eigenen Sehnsüchte, Erwartungen, Erfahrungen und Enttäuschungen. Viele Schätze der überlieferten Form kamen erst ans Tageslicht, als sie gemeinsam durchdiskutiert und besprochen wurden. Manche Teile der Liturgie, die in der Regel einfach an einem vorbeirauschen, erschienen auf einmal allen Beteiligten ganz wichtig – nachdem sie sie neu verstanden hatten. Aber wir gingen noch radikaler vor. Wir klärten im zweiten Schritt, was denn überhaupt ein Gottesdienst ist. Wodurch wird er definiert? Was ist unverzichtbar, was kann man getrost weglassen und was darf in einer modernen Gottesdienstform, in der Menschen des zwanzigsten Jahrhunderts Glauben lebendig erfahren können, hinzugefügt oder wiederentdeckt werden? Bei diesem Prozess entstanden Diskussionen, die ich für eine zeitgemäße Kirche für unabdingbar halte. Zum Beispiel gab es auch Stimmen, die fragten, ob es nicht sinnvoll sei, die Predigt in unserem Projektgottesdienst wegzulassen. Sie sei in der Regel irrelevant, langweilig und plakativ. Bald aber war sich das Team einig: »Auf eine Predigt wollen wir nicht verzichten. Wir müssen eben überlegen, wie wir die Kritikpunkte beseitigen.«

Was bei diesen äußerst fruchtbaren Gesprächen herauskam, können Sie bei der Beschreibung des typischen *Go-Special*-Ablaufes (Kapitel 3) nachlesen. Am Ende hatten wir als Mitarbeitergruppe nicht nur eine ungefähre Vorstellung von dem, was wir von einem Gottesdienst erwarteten; wir waren auch aus den verschiedensten Perspektiven an das Thema herangegangen: Wonach suchen Kirchendistanzierte? Welche Sprache verstehen sie? Wird unser Anliegen deutlich? Wem wird das alles nicht gefallen und warum nicht? Und (wie) können wir damit leben? Welcher Name kann die Grundidee dieses Gottesdienstes wiedergeben, ohne allzu hausbacken oder auf der anderen Seite zu reißerisch zu klingen? usw. Erst nach dieser grundsätzlichen Klärung begann der eigentliche planerische Teil.

Dann allerdings schienen viele dieser schönen Ideen doch nicht mehr ganz so überzeugend zu sein, als es nämlich darum ging, sie in die Tat umzusetzen. Dieses Problem haben wohl alle großen Träume. Da zückten nämlich alle ihre Terminkalender, schauten angestrengt hinein, schüttelten den Kopf und verkündeten bedauernd, sie fänden die

Idee mit dem neuen Gottesdienst zwar immer noch toll, aber vor dem Jahr 2009 sei da wenig zu machen. Nein! Ganz so schlimm war es nicht, aber es wurden doch große Ängste spürbar: Werden wir das alles schaffen? Übernehmen wir uns nicht? Wir sind doch viel zu wenige! Es war wieder so ein Moment, in dem sich die »Ja, aber«-Typen gegenüber den »Jetzt aber los«-Typen durchzusetzen drohten. Schließlich einigten wir uns Ende September 1995 darauf, im Januar oder Februar einen »Testballon« steigen zu lassen – Hauptsache: viel Vorbereitungszeit. Und dann kam es unerwartet zu einem vorgezogenen Start, in dem eigentlich nichts stimmte und der dann doch unglaublich gesegnet war. Kurzfristig meldete sich ein Gospelchor und fragte, ob er nicht Mitte Dezember ein Konzert bei uns geben könne, ihm sei ein anderer Veranstalter abgesprungen. Wir sollten bitte ganz schnell antworten. Vielleicht etwas voreilig und – so sehe ich es heute – nicht besonders teamfähig (doch was wäre bei der Zeitknappheit die Alternative gewesen?), sagten Klaus und ich zu und beschlossen, dieses Ereignis dazu zu nutzen, den ersten neuen Gottesdienst aus der Taufe zu heben. Das Team fluchte (wohl zu Recht), als es von der Entscheidung erfuhr, war aber dennoch bereit, uns nicht hängen zu lassen, sondern mitzuziehen. *Go-Special* war geboren.

Nachdem wir mittlerweile drei Jahre lang immer weiter dazugelernt haben und in vielen Bereichen sehr hohe Qualitätsansprüche stellen, frage ich mich, wie dieses verrückte, komische Gemisch, das wir beim ersten *GoSpecial* den Leuten serviert haben, irgendjemandem gefallen konnte. Und trotzdem war es so. Denn im Januar kamen über 200 Leute wieder und viele brachten begeistert auch noch ihre Freunde und Bekannten mit. Einige dieser Ängste des Anfangs sind wir nie richtig losgeworden. Sie haben uns bei allen neuen größeren Schritten immer wieder eingeholt. Als wir überlegten, ob wir nicht ab und an ins Bürgerzentrum gehen sollten, oder als wir wegen des Ansturms beschlossen, erst zwei und dann drei Gottesdienste hintereinander anzubieten, und manchmal auch bei sehr viel kleineren Entscheidungen. Wir nehmen diese Ängste im Team sehr ernst. Aber wir wollen uns davon nicht bestimmen lassen. Es hat, das haben wir inzwischen gelernt, wenig Sinn, zu versuchen, die Ängste kleinzukriegen – wir müssen vielmehr den Traum größer machen. Denn auch eine unterdrückte Angst lähmt, ein großer Traum aber macht Mut. Sehr bewährt hat es sich in diesem Zusammenhang dennoch, immer wieder Testphasen einzuplanen. Wir probieren eine Veränderung drei oder sechs Monate lang aus, und dann entscheiden wir als Team – oder im Gespräch mit der Gemeinde –, ob sie sich bewährt hat oder nicht. Dadurch kann man mit den vielen Vorbehalten besser umgehen. Sogar scharfe Kritiker sind bereit, sich auf neue Formen einzulassen, wenn ihnen diese nicht einfach übergestülpt, sondern als Gestaltungsvorschlag angeboten werden. Gleichzeitig verliert niemand sein Gesicht, wenn am Ende gemeinsam beschlossen wird, doch bei den früheren Konzepten zu bleiben. Das Schöne aber ist, dass schon das Bekanntgeben einer Testphase dazu führt, dass die Gemeinde aktiv über die neuen Gestaltungselemente nachdenkt.

Vor allem aber muss man nicht jeden kleinsten Zweifel beseitigen, wenn man ein Projekt frisch mit einer Probezeit beginnt. Ich habe dabei immer wieder erlebt, wie gut ein Schuss Übermut tut. Man kann Träume und Hoffnungen nämlich auch schnell kaputtplanen und -diskutieren. Außerdem lehrt die Erfahrung, dass Ängste, die ein Jahr vor der Veranstaltung aufkommen, im Laufe der Zeit nicht kleiner, sondern größer werden. Und dass – da müssen wir uns meist auch an die eigene Nase fassen – auch lange vorher verteilte Aufgaben oft erst in der Woche vor dem großen Ereignis wirklich angegangen werden. Wie wichtig der Mut zum ersten Schritt ist, wurde auch noch später an vielen Einzelentscheidungen deutlich. So haben wir beispielsweise bei der Verdoppelung von *GoSpecial* etwa drei Stunden darüber diskutiert, ob das Neuverteilen unserer Begrüßungszettel auf die Stühle überhaupt in der einstündigen

Pause zwischen den beiden Veranstaltungen zu bewältigen sei. Die Zeit hätten wir uns schenken können: Es dauerte letztlich etwa acht Minuten. Fast immer zeigte sich, dass die Dinge, vor denen viele sich fürchteten, völlig reibungslos liefen, während plötzlich unerwartete Aufgaben auftraten, mit denen nie jemand gerechnet hätte. Eine lebendige, kommunikative Veranstaltung lässt sich bis zu einem gewissen Grad organisieren, das meiste aber bekommt man erst nach dem dritten oder vierten Versuch in den Griff, manches nie. Und genau das macht es jedes Mal neu aufregend und faszinierend.

Während dieser ersten Aufbauzeit wurden wir natürlich von der eigenen und den uns umgebenden Gemeinden immer wieder kritisch beäugt. Aber es war wie so oft bei Kirchens: Bald stellte eine Journalistin, die für ihre Gottesdienst-Reportage in der Nachbarschaft recherchierte, fest, dass die wenigsten Kritiker selbst einmal in einem *GoSpecial* gewesen waren. Entscheidender wurde, dass viele der vorhandenen Ängste und Unsicherheiten auch der Kirchenleitung zu Ohren kamen. Da ging es um Befürchtungen, die Gemeinde könne zu einer Sekte entarten, gute Mitarbeiter würden von anderen Gemeinden abgezogen, alles zentriere sich im Sinne eines Personenkultes auf den Pfarrer oder die Theologie gehe bei der Modernität verloren. (Wie wir lernen mussten, mit solchen Kritikpunkten umzugehen, lesen Sie in Kapitel 8.)

Die Kirchenleitung selbst verhielt sich allerdings lange Zeit einfach neutral und abwartend. Um den Gerüchten entgegenzugehen, versuchten wir dennoch von Anfang an, nicht nur gut zu informieren und uns immer wieder selbst zu befragen, sondern vor allem einzuladen: unseren Propst, unseren Dekan, den Personalchef unserer Landeskirche usw. Vielleicht konnten diese Besuche nicht immer sofort alle Zweifel auslöschen, aber wir fanden nach und nach offene Ohren und schützende Hände bei der Kirchenleitung. Vor allem, weil dort die Vision von profilierten Richtungsgemeinden zur Zeit wächst. Daher bekamen wir auch den Mut, um eine zeitlich befristete Sonderpfarrstelle zu bitten, deren Inhaber sich um die Weiterentwicklung der Arbeit, die Betreuung der wachsenden Anfragen und um die Verbreitung der Idee von *GoSpecial* in der Landeskirche kümmern kann. Auch das war ein Traum, verbunden mit dem hoffnungsvollen Zusatz, dass ich als Gründungsmitglied diese Stelle betreuen könne. Der Prozess zog sich lange hin, ein Gespräch folgte auf das andere, Bedenken mussten abgebaut, Ziele entwickelt und Unklarheiten beseitigt werden. Und dann, als keiner von uns mehr so recht daran glaubte, kam von der Kirchenleitung ein Ja. Und damit beginnt ein neuer, vielversprechender Abschnitt der *GoSpecial*-Geschichte: Die ganze Arbeit hat ihren eigenen Pfarrer.

Ich kenne viele Menschen, die von einer veränderten Kirche träumen, bei denen aber die Angst größer ist als der Traum. Ich halte das für eine zutiefst theologische Frage. Wir haben in Europa weitgehend verlernt, von Gott Großes zu erwarten. Nur: Wie will einer Wunder erleben, der nicht an sie glaubt? Wie will jemand Gott erleben, der nicht ganz sicher ist, ob man mit seiner Anwesenheit überhaupt rechnen kann? Ich bin überzeugt, dass wir – mich selbst eingeschlossen! – in der Regel Gott nicht besonders viel zutrauen. Wir erzählen zwar von seinen wundervollen Taten, sind aber oft selbst völlig überrascht, wenn sie dann wirklich geschehen.

Darum: Rechnen Sie mit dem Besten. Es lohnt sich!

Kai:

Es war ein kalter Dezemberabend im Jahr 1995. Ziemlich neugierig fuhr ich auf den Parkplatz des Gemeindezentrums in Niederhöchstadt: Die hessische Schmalspurausgabe von *Willow Creek* – wie würde die wohl aussehen? Seit einigen Jahren hatte ich mich mit dem »Phänomen *Willow Creek*« beschäftigt, meine Diplomarbeit über diese innovative Gemeinde geschrieben, die Herausgabe ihrer Materialien in deutscher Übersetzung begleitet und so die Überzeugung gewonnen, dass sich vieles davon auch – und gerade – im landeskirchlichen Kontext umsetzen lassen müsste. Nur wie? Einige Monate zuvor hatte ich Klaus Douglass kennen gelernt, der genau wie ich von *Willow Creek* mitten ins Herz getroffen worden war und seitdem von einer anderen Gestalt von Kirche für das nächste Jahrtausend träumte. Nun lud er mich zu seinem »etwas anderen« Gottesdienst ein. »Nur so, als externer Kritiker«, meinte Klaus. Um ihm hinterher genau zu sagen, was sie alles falsch gemacht hätten, meinte er. Und wie so oft: Der erste Eindruck prägte sich auch mir für immer ein. Kaum stieg ich aus dem Auto, wurde ich von etlichen kleinen Fackeln begrüßt, die mir den Weg zur Gemeinde wiesen. »Mann«, sagte ich mir, »diese Gemeinde hat etwas davon verstanden, was es heißt, besucherfreundlich zu sein.«

Ich hatte an diesem Abend viel zu tun. Mindestens zehn Punkte hatte ich mir aufgeschrieben, die man besser machen kann. Heute weiß ich keinen mehr davon. Nur dass jemand an diese kleine Nebensächlichkeit mit den Fackeln gedacht hatte, blieb mir haften – und damit die Lehre, dass diese Kleinigkeiten den großen Unterschied ausmachen.

Bald schon gehörte ich zu den regelmäßigen Gottesdienstbesuchern – immer mit Stift und Block ausgerüstet, um dem Team am Montag Feedback zu geben. Nach nur einem Vierteljahr fand ich mich dann auf einmal als Teammitglied wieder »nur so, als interner Kritiker«, meinte Klaus. Und das war es auch, was mich an dem *GoSpecial*-Team von Anfang an am meisten beeindruckte: die Kritikfähigkeit. An jedem Dienstag nach *GoSpecial* wurde diese Fähigkeit in den Teamsitzungen immer wieder unter Beweis gestellt. Minutiös wurde der letzte Gottesdienst ausgewertet, viel Lob, aber auch eine gehörige Portion Kritik ausgeteilt, bevor man sich den harten Fakten zuwandte – der Benotung durch die Besucher. Noch heute muss ich meinen Hut vor unseren Bands und besonders den Sängerinnen ziehen, bei denen gerade in den ersten Monaten die Relation Lob/Kritik ganz bestimmt jede Balance verloren hatte. Wie viel Mut mussten sie haben, an jenen »Dienstagen danach« zu erscheinen! Heute kann ich sagen, dass kein Team in den letzten Jahren so sehr an Qualität gewonnen hat wie unsere Bands.

Später musste auch ich mich dieser Mutprobe stellen. Irgendjemand kam auf die Idee, dass es gut wäre, wenn wir Prediger gegenseitig unsere Predigt lesen und kritisieren würden – und zwar, bevor wir sie halten. (Bis heute frage ich mich, warum man gerade nach einer Predigt von mir auf diese glorreiche Idee kam.) Am eindrücklichsten ist mir in Erinnerung, wie ich eines Tages eine Predigt zum Thema »Kein Sex in der Ehe – Von Moralaposteln und Spielverderbern« halten musste. Ich schickte meine ausgearbeitete Predigt nach über 30 Stunden harter Arbeit per E-Mail an Klaus und Fabian, und wartete … Nach einiger Zeit fand ich eine liebevolle Notiz von Klaus in meinem elektronischen Briefkasten: »Schöne Predigt – wenn du sie vor der Gnadauer Brüdergemeinschaft halten möchtest. Für Kirchendistanzierte nicht zu gebrauchen. Versuch's noch mal!« Weitere zehn Stunden Arbeit steckte ich rein, schrieb vieles neu und schickte die überarbeitete Fassung noch einmal an meine zwei erbarmungslosen Kritiker. Die Reaktion: »Die ersten zwei Seiten sind schon richtig gut!« Fünf weitere kostbare Stunden mussten daran glauben, bis wir alle zufrieden waren. Doch es hat sich gelohnt! An keinen Gottesdienst denke ich lieber zurück als an diesen. Nicht wegen der Predigt. Sie war – nach so viel Nachhilfeunterricht – ganz okay. Sondern weil an diesem Gottesdienst ein Teil meines Traumes wahr wurde. Fast meine gesamte »unfromme Clique«, mit der ich seit meinem Abitur zusammen bin, war an diesem Sonntag da und fand den Gottesdienst »super«. Zu dem gleichen Urteil kam auch Cora, eine Frau vom horizontalen Gewerbe aus Frankfurt, die wir als Interviewgast eingeladen hatten. Ob sie denn das nächste Mal auch ihre Kinder mitbringen könne?, fragte sie. So eine coole Musik und so eine gute Atmosphäre, und das alles in der Kirche, das sei schon ein Ding! So habe ich mir Kirche in meinen Träumen vorgestellt: dass Menschen, die Jesus besonders am Herz liegen, sich in unseren Gottesdiensten wohl fühlen. Und dass das alles innerhalb der Landeskirche möglich ist – das war für mich die Krönung! Sicher, schon in meiner Diplomarbeit hatte ich festgestellt, dass gerade die Landeskirchen mit ihrem immer noch hohen Vertrauensvorschuss die besten Chancen hätten, Kirchendistanzierte zu erreichen. Nur, mir fehlte der Glaube, dass Gott diese manchmal doch ziemlich »im Guten verhärteten« Strukturen tatsächlich aufbrechen könnte.

Ich erinnere mich noch genau an einen Spaziergang mit meiner Frau Anja, ein Jahr vor diesem *GoSpecial*. Wir mussten eine weit reichende Entscheidung treffen: Gründen wir mit einigen Freunden eine eigene neue Gemeinde für Kirchendistanzierte (ein Traum, den ich bis dahin bereits sechs Jahre gepflegt hatte und der nun zum Greifen nahe war) oder nicht. Einige Gespräche mit der Kirchenleitung der EKHN ließen hoffen, diese neue Gemeinde innerhalb der Landeskirche und doch unabhängig von den vorhandenen Ortsgemeinden, gründen zu können. Gute Startvoraussetzungen also. Ganz unvermittelt fragte Anja mich, ob ich mir nicht vorstellen könnte, in der Andreasgemeinde mitzuarbeiten. Wie sie denn auf diese verrückte Idee käme, fragte ich sie. Dafür hätte ich nicht die Zeit, eine Ortsgemeinde mit all ihren gewachsenen Traditionen zu verändern. Ich dachte: *Nie im Leben würde so eine Gemeinde ihre Angst vor Veränderung überwinden!* Nein, das sei nicht mein Ding. Außerdem würde ich nie mehr ein so dynamisches Team finden wie das, welches sich um dieses Gemeindegründungsprojekt gesammelt hatte. Nein, völlig ausgeschlossen. Ich hatte meine Entscheidung getroffen und war mit dieser Entscheidung auch sehr glücklich.

Doch Gott dachte über die Sache offensichtlich anders. In dieser Nacht konnte ich einfach nicht einschlafen. Eine kleine Bemerkung meiner Frau hatte sich in mein Innerstes gebohrt. Um 1.00 Uhr morgens stand ich auf und schrieb mir alle Pros und Kontras meiner Entscheidung in meinem Gebetstagebuch auf. Auf einmal stellte ich fest, dass mir der Gedanke, in der Andreasgemeinde mitzuarbeiten, gar nicht mehr so abwegig erschien wie noch wenige Stunden zuvor. Im Gegenteil: Immer mehr freundete ich mich mit dem Gedanken an. Also betete ich um ein »Zeichen«: Wenn Gott wirklich wollte, dass ich in die Andreasgemeinde ging, sollte Klaus mich doch innerhalb der nächsten Woche mit einem konkreten Angebot anrufen. Zwei Minuten später revidierte ich diese Bitte. Als »erfahrener« Christ meinte ich, Gott nicht so bemühen zu müssen. Ich beschloss darum, Klaus am nächsten Tag selbst anzurufen, und ihm meinerseits ein sinnvolles Angebot zu machen.

Am nächsten Morgen klingelte das Telefon. Es war Klaus. Er bot mir an, die Leitung von *GoSpecial* zu übernehmen. Ich konnte am Telefon nur lachen. Noch heute bin ich dankbar für dieses deutliche Reden Gottes. Ich hätte, glaube ich, von mir aus nie den Mut und den Glauben aufgebracht, mich an die Aufgabe zu machen, in einer landeskirchlichen Gemeinde zu arbeiten, Veränderungen anzustreben, ohne sie dabei zu ruinieren. Schon damals deutete sich an, dass *GoSpecial* die Gemeinde nicht unwesentlich beeinflussen würde und dass die Beziehung zwischen *GoSpecial* und der bestehenden Gemeinde nicht nur frei von Spannungen sein würde. Immer wieder wurden Stimmen laut, dass es neben *GoSpecial* ja auch noch die Gemeinde gäbe – viele aus der Stammgemeinde fühlten sich vernachlässigt. Ich kann mir vorstellen, dass sie sich wie der Bruder des verlorenen Sohnes gefühlt haben, der ja auch »berechtigterweise« monierte, dass so viel Aufhebens um den verlorenen Bruder gemacht wird.

Das waren also die Fragen: Werden wir es schaffen, *GoSpecial* in der Gemeinde zu halten und die *GoSpecial*-Besucher in die Gemeinde zu integrieren, oder wird sich hieraus eine eigene Gemeinde entwickeln, was einige befürchteten? Diese Fragen sind bis heute noch nicht eindeutig geklärt, obwohl wir – wie Sie in Kapitel 5 lesen können – alles tun, um Brücken in die bestehende Gemeinde zu bauen.

Doch zurück zu meiner Berufung zum Leiter von *Go-Special*: Wie war es zu dieser überraschenden Anfrage gekommen? Klaus Douglass und Fabian Vogt hatten gemerkt, dass sie zur Weiterentwicklung von *GoSpecial* einen weiteren hauptamtlichen Mitarbeiter benötigten – und ich freute mich über ihr Vertrauen, mir gleich die Leitung des Teams zu übergeben. So begann ich im September 1996 als freier Mitarbeiter, etwa zehn Stunden in der Woche in diese Arbeit zu investieren, finanziert durch den Gemeindeaufbauverein, den Klaus Douglass vorausschauend schon zwei Jahre vorher gegründet hatte. Ich war erstaunt, wie schnell mich das Team – nach einer etwa viermonatigen Übergangszeit – als Leiter angenommen hatte, was bestimmt auch daran lag, dass wir drei bis heute uns als ein sich ergänzendes Leitungsteam verstehen. Wer einmal Gemeindeleitung im Team erlebt hat, möchte nie mehr anders arbeiten. Mit Fabian und Klaus und – seit Herbst 1997 – auch Fred Ritzhaupt (einem von der Gemeinde als weiterer Prediger und Seelsorger angestellten Theologen) hat Gott mich in ein »Dreamteam« hineingestellt, das jeden Vergleich mit dem dynamischen Gemeindegründungsteam standhält, auf das ich 1996 verzichtet hatte. Was für ein Geschenk! Sehr bald wurden aus den zehn Stunden immer mehr, so dass ich nun seit Januar 1998 eine Dreiviertelstelle in der Andreasgemeinde übernommen habe – finanziert durch Spenden aus der Gemeinde. Schon hieran wird deutlich, dass *GoSpecial*, und damit auch meine Arbeit, von einer breiten Basis der Gemeinde getragen wird. Meine anfänglichen Bedenken haben sich in Luft aufgelöst. Heute kann ich mir keine spannendere Aufgabe vorstellen, als so viele Gemeinden wie möglich – gerade landeskirchliche Gemeinden – zu motivieren, sich auf das Abenteuer einzulassen, eine »Kirche für Distanzierte« zu werden. Am Beispiel der letzten beiden *GoSpecial*s des Jahres 1997 möchte ich nur einen Hauch dieses Abenteuers andeuten:

»Trauer in der Dead End Road – Warum wir so ungern über den Tod reden« war das Thema im November. Es war Freitagabend. Ich saß während der Generalprobe in der hintersten Reihe des Bürgerzentrums und meinte zu träumen. Etwas mehr als 30 Mitarbeiter wuselten fröhlich durch den ganzen Saal, bauten die Technik auf, dekorierten die Bühne, fegten den Boden, schleppten schwere Requisiten, schminkten die Schauspieler und probten das Theaterstück. Eine entspannte, erwartungsvolle und freudige Atmosphäre durchströmte den Raum. Ich fühlte mich rundum wohl und wollte an keinem anderen Ort der Welt sein. Jäh wurde ich aus meinen Träumen gerissen, als ein Mitglied unseres Theaterteams, kirchendistanziert und praktizierende Anthroposophin, auf mich zukam mit der Frage: »Wie macht ihr das bloß? Woher kommen alle diese motivierten, fröhlichen Mitarbeiter? Woher diese entspannte, aber doch so angeregte Atmosphäre? Wo liegt das Geheimnis? Erklär es mir!« Ich stammelte etwas von einer gemeinsamen Vision, von gemeinsamen Werten und Zielen und gabenorientierter Mitarbeit – und musste dann doch zugeben, dass ich es auch nicht wusste. Geschenkt – das ist das, worauf wir uns einigten. Dann verriet sie mir, dass auch sie immer wieder reich beschenkt nach einem solchen *GoSpecial* nach Hause ginge. Und das sagte gerade sie, die die letzten zwei Tage mit nichts anderem verbracht hatte, als den Text der kurzfristig ins Krankenhaus eingelieferten Hauptdarstellerin auswendig zu lernen! Wer war hier der Beschenkte?

Und dann kam der Sonntag. Das Theaterteam hatte über ein halbes Jahr geprobt, um ein 25-minütiges Stück zum Thema »Umgang mit dem Tod« aufzuführen. Viel Liebe wurde in den Aufbau der Kulisse gesteckt. Ein Sarg wurde von einem Bestatter organisiert und auf der Bühne aufgebahrt. Es wurde zu einem unserer besten und bewegendsten *GoSpecial*s. Ein mit mir befreundeter Pfarrer saß neben zwei Ehepaaren – sie waren so um die 50 Jahre alt – und sprach sie interessehalber an. Beide Männer arbeiteten in »Bankfurt« und waren seit ihrer Konfirmation nicht mehr in der Kirche gewesen. Das Thema interessiere sie. Während des Theaterstückes beobachtete unser Freund, wie es beiden Männern kaum gelang, ihre Tränen zurückzuhalten. »Was für ein Gottesdienst!«, sagten sie anschließend unserem Freund. Dass Kirche so etwas auf die Beine bringen könnte, hätten sie nie gedacht und würde sie richtig bewegen. Sie kämen ganz bestimmt wieder. Konnten wir uns mehr wünschen?!

Nur einen Monat später: Unser zweiter Geburtstags-*GoSpecial* sollte, wie schon im Vorjahr, zum richtigen Knaller werden. Das Thema lautete: »Das Christkind-Desaster – Von der Wahrheit unterm Tannenbaum«. Einen Auswertungszettel einer Besucherin habe ich mir zur Seite gelegt. Auf ihm steht: »Aus dem Christkind-Desaster wurde ein *GoSpecial*-Desaster. Es fehlte der Pfiff, das Feuer und der Spaß.« So dicht können Höhen und Tiefen beieinander liegen. Einen Monat vorher hatten wir ein absolutes Highlight, und dann so etwas. Ich schreibe das, um Sie zu ermutigen. Auch bei uns wird nur mit Wasser gekocht und auch wir haben noch viel zu lernen.

Es ist immer noch so wie beim allerersten Mal: Jeden zweiten Sonntag im Monat stehe ich um 16.15 Uhr da und frage mich, ob wir das nicht alles eine Nummer zu groß angelegt haben. Werden wieder so viele Leute kommen und wird alles klappen? Wird es uns gelingen, sie zum Wiederkommen zu bewegen? Cora und meine »unfrommen Freunde« sind bislang noch kein zweites Mal zu unseren Gottesdiensten gekommen. Der *GoSpecial* gefiel ihnen zwar gut, aber er war scheinbar noch nicht so gut, dass sie einen zweiten Besuch riskiert hätten. Wir haben also noch einiges vor uns. Kirche für Distanzierte zu sein ist ein Abenteuer. Ein Abenteuer allerdings, in das ich gerne mein Leben investiere!

Fabian:

Wie hat denn nun eigentlich *GoSpecial* die Gemeinde verändert? Denn das dem so ist, behauptet ja der Untertitel
dieses Buches. Vor allem geistlich hat sich einiges getan:
Das Selbstverständnis der Gemeindeglieder wurde ge-
meinschaftlicher, die Liebe zu Außenstehenden und die
Bereitschaft, kritisch und zugleich zielbewusst nach der
Relevanz unserer Arbeit zu fragen, wuchsen und ein völlig
neues Bewusstsein von geistlicher Verantwortung für die
Welt entwickelte sich. Vieles, was in der Gemeinde geschieht, sieht heute völlig anders aus als vor *GoSpecial*,
aber bis es so weit war, mussten wir ganz neu lernen, den
Distanzierten zuliebe auf so manch Liebgewordenes zu
verzichten. Nach drei Jahren intensiver Arbeit waren uns
nämlich einige grundsätzliche Dinge deutlich geworden:

1. *Angebote für Distanzierte brauchen Kontinuität und*
   Akzeptanz bei den »Alten«
Es verändert sich leider in einer Gemeinde und bei den
Menschen nur sehr wenig, wenn man dreimal im Jahr einen Familiengottesdienst oder eine Jazzmatinee anbietet,
auch wenn diese sehr gut besucht sind. Selbst ein monatli-
cher *GoSpecial* ist auf die Dauer zu wenig. Solche Sonderveranstaltungen behalten immer den Charakter einer Ausnahme. Sie werden für die Menschen nie zu einem geistlichen Zuhause und dann in der Regel auch von der
Gemeinde nicht als das Eigentliche gesehen: »Ach, bei den
Sondergottesdiensten pflegen der Pfarrer oder einige Mitarbeiter eben ihre Spezialinteressen; der richtige Gottesdienst ist und bleibt der am Sonntagmorgen.« Ein solches
traditionalistisches Verständnis lähmt aber die Veränderung
und die Einbindung von Neugierigen. Wir haben aus diesen Gründen nicht nur das Wort »Hauptgottesdienst« abge-
schafft, sondern versucht, immer zu kommunizieren, dass
jede Veranstaltungsform die gleiche Daseinsberechtigung
hat. Wenn Sie über neue Gottesdienste nachdenken, dann

sollten Sie der Kontinuität einen sehr hohen Stellenwert geben – auch wenn das viel Arbeit bedeutet.

2. *Angebote für Distanzierte sind »nur« offene Türen*

So sehr wir uns auch heute noch freuen, dass die Besucherzahlen seit Anbeginn steigen, spürten wir doch immer deutlicher, dass die positiven Ansätze von *GoSpecial*, also das Eingehen auf die Kultur und die Sprache der Menschen, zwar die Schwelle sehr niedrig setzen, dass die Leute aber dort auch nicht stehenbleiben können. Wenn ein Suchender über Jahre ausschließlich *GoSpecial* besucht, dann haben wir unser Ziel nicht erreicht. Er soll ja Lust bekommen, Christsein in seiner ganzen Weite und Vielfalt zu leben. Im *GoSpecial* wird er zwar mit offenen Armen empfangen, um nach einem Anstoß aber im Glauben weiter zu wachsen, braucht er andere Strukturen. Bisweilen beanstanden langjährige Christen, die *GoSpecial* interessehalber einen Besuch abstatten, die geistliche Tiefe (»Wo war das Wort, wo war das Gesetz?«), und verstehen nicht, dass wir genau damit die Sprach- und Erfahrungsebene der Kirchendistanzierten verlassen würden. *GoSpecial* kann keine eigene Gemeinde sein, die wieder ihre Traditionen entwickelt, da das Modell ja gerade auf Menschen zugeschnitten wurde, denen Kirche fremd geworden ist. Nebenbei: Auch Paulus benutzt ganz unterschiedliche Ansätze, je nachdem, ob er zu Distanzierten spricht oder an Gemeinden schreibt.

3. *Angebote für Distanzierte sprechen meist nur eine bestimmte Zielgruppe an*

Bei unseren *GoSpecial*-Seminaren werden wir oft gefragt, ob denn unser moderner Gottesdienst nicht eher etwas für Jugendliche sei. »Nein«, müssen wir dann leise eingestehen, »Menschen unter 20 werden von *GoSpecial* leider fast kaum angesprochen. Wir erreichen vor allem Leute zwischen 25 und 50.« Ein Gottesdienst, der es sich auf die Fahnen schreibt, zur Vermittlung geistlicher Inhalte moderne Formen zu verwenden, kann aus der Vielfalt von Kulturerscheinungen eben auch nur eine Auswahl treffen. Und die wird manchen gefallen, anderen aber überhaupt nicht.

Diese Erfahrungen machten uns deutlich, dass ein Gottesdienst für Kirchendistanzierte, der Menschen in einem ganzheitlichen Sinne zu begeistertem und begeisterndem Christsein einladen möchte, gar nicht ohne einen Rückhalt in der Gemeinde durchzuführen ist. Und diese muss bereit sein oder – möglicherweise auch in schwierigen Diskussionen – motiviert werden, sich für Suchende tatsächlich zu öffnen. Oder es wird auf Dauer zu Konflikten und Konkurrenzdenken kommen.

Eines hat uns bei der Arbeit besonders geholfen: dass die Gemeinde grundsätzlich gespürt hat, dass sie nicht hinten herunterfällt, dass trotz aller Konzentration auf Kirchendistanzierte die Kerngemeinde nicht ins Hintertreffen gerät. (Wir lassen zum Beispiel niemals den klassischen Gottesdienst ausfallen, selbst wenn wir am Nachmittag drei *GoSpecial*s feiern.) Ja, mehr noch: Die zahlreichen Menschen, die nach und nach durch *GoSpecial* in die Gemeinde kommen, bereichern das Gemeindeleben insgesamt, füllen Lücken, die vorher da waren, und befruchten sogar Bereiche in den traditionellen Arbeitsformen von Gemeinde, die wir gar nicht im Auge hatten.

Was haben wir konkret gemacht, um *GoSpecial* in die Gemeinde zu integrieren, und woran arbeiten wir? Hier nur einige kurze Beispiele:

a) Einführung eines zweiten (modernen) Sonntagsgottesdienstes, der *GoSpecial*-Besuchern hilft, auf ihrem neuen Glaubenweg die nächsten Schritte zu gehen (vgl. auch nächstes Kapitel).

b) Fortführung der *GoSpecial*-Themen in den traditionellen Gottesdiensten (Predigtserien), damit Interessierte dranbleiben und Insider die Arbeit von *GoSpecial* verfolgen können.

34

c) Ausbau eines Seminar- und Veranstaltungsprogramms, das die alten oder neu aufgekommenen Fragen der Menschen ernst nimmt und vertiefend behandelt.

d) Förderung einer Gesamtwahrnehmung von Gemeinde auf beiden Seiten, um nicht ein *GoSpecial*-Ghetto, eine Gemeinde in der Gemeinde, aufzubauen: *GoSpecial* ist Teil der Andreasgemeinde.

e) Entwicklung eines Gottesdienst-Konzeptes für Jugendliche (»eXperience«), das die Lücke zwischen der Kinderarbeit und *GoSpecial* schließt und eine bisher vernachlässigte Zielgruppe anspricht: die 13–17-Jährigen.

f) Einladung der *GoSpecial*-Besucher und Aktiven zur Mitarbeit in den Teams der Gemeinde und Hilfe zur Entdeckung und Entwicklung der eigenen Gaben mit Unterstützung von D.I.E.N.S.T.

g) Verstärkte Beteiligung von Laien an allen – auch den den traditionellen – Gottesdiensten (Liturgie, Fürbitten, Lobpreis, Mitteilungen usw.) und Mut zum Einsatz der unterschiedlichsten Elemente.

h) Starten einer Besuchsaktion, bei der alle Gemeindeglieder in Niederhöchstadt nach ihren Wünschen, ihren Ängsten und ihrer Wahrnehmung von *GoSpecial* gefragt wurden. (Vgl. dazu: Birschel/Seemann/Vogt: »Sie sind gefragt! Wie Gemeinden mit Menschen ins Gespräch kommen«. Projektion J Verlag 1999).

i) Einführung eines Mittwochsgottesdienstes, in dem Anbetung und Lehre im Mittelpunkt stehen, um auch dem Wunsch der Kerngemeinde nach verstärkter Exegese und spiritueller Leidenschaft nachzukommen.

Das *GoSpecial*-Team selbst hat es nach einer erneuten Überfüllungsphase im Herbst 1998 gewagt, den »etwas anderen« Gottesdienst jetzt dreimal hintereinander anzubieten. Um aber nicht jedesmal exakt den gleichen Ablauf zu zelebrieren, haben wir jetzt bewusst verschiedene Zielgruppen im Blick: Um 16.30 Uhr versuchen wir vor allem junge Familien anzusprechen. Wie bisher gibt es dazu ein vielfältiges Kinderprogramm. Durch eine szenische Einladung der Mitarbeiter und eine Offenheit für das Tummeln der Kinder hat der Gottesdienst eine ganz eigene Prägung. Um 18.30 Uhr findet der »klassische« *GoSpecial* statt (Absurd, wenn man nach drei Jahren schon so einen Ausdruck benutzt, oder?). Hier haben wir vor allem Menschen zwischen 30 und 60 im Auge. Wer keine Kinder hat und bei aller Modernität das Bodenständige nicht missen will, ist bei diesem Gottesdienst richtig. Um 20.30 Uhr dagegen sorgt ein Team für neue Akzente. Einige Lieder werden ausgetauscht, die Musik wird lauter, die Besucher werden (übrigens auf eigenen Wunsch hin) geduzt und manche Elemente wirken ein bisschen schriller: Alles soll so sein, dass sich junge Erwachsene zwischen 20 und 30 dort wohl fühlen.

Bei dieser Akzentverschiebung ist uns deutlich geworden, wie viele Besucher inzwischen *GoSpecial* ansehen, um sich Anregungen für die eigene Gemeinde zu holen. Diese Tatsache aber hat der Andreasgemeinde nicht nur zu einem hohen Bekanntheitsgrad verholfen, sie hat auch unsere Arbeit verändert. Unter anderem hat sich das Team trotz der hohen Belastung entschlossen, andere Gemeinden aktiv zu unterstützen. Band und Theaterteam fahren regelmäßig zu Veranstaltungen, wir bieten Wochenendseminare an oder fahren zu Kongressen und laden ein, einen eigenen »Traum von Kirche« zu entwickeln und auszuprobieren. Seit letztem Herbst kann man alle Materialen der besten *GoSpecial*s (Predigt, Moderation, Liedauswahl, Theaterstück, Dekotips usw.) gebrauchsfertig bestellen (vgl. Literaturliste); wir haben auf vielfachen Wunsch die schönsten unserer selbstgeschriebenen Lieder, die man für und mit Kirchendistanzierten singen kann, auf einer CD veröffentlicht (vgl. Literaturliste); die Internet-Arbeit entwickelt sich stetig weiter und wir arbeiten intensiv an einem Andreas-Netzwerk, in dem sich am Gemeindeaufbau interessierte Gemeinden gegenseitig beraten, weiterbilden und motivieren können. Das alles aber funktioniert nur, weil sich jede Mitarbeiterin und jeder Mitarbeiter mit ihrer und seiner ganz persönlichen Geschichte einbringt und engagiert. Und genau darum wird es bei *GoSpecial* auch weiterhin gehen: dass Menschen, denen Kirche fremd geworden ist, einen Gottesdienst haben, in dem sie Gott ganz neu begegnen können, um irgendwann einmal mit ihren Gaben und Fähigkeiten an seinem Reich mitzuarbeiten.

Wie der Weg eines Suchers in die Gemeinde aussehen kann, möchte ich Ihnen am Schluss dieses Kapitels kurz anhand eines individuellen Falles zeigen. Christoph, Chemiker und Kollege meiner Frau, hatte mit Glauben nicht viel am Hut, obwohl seine Verlobte ihn gern in eine Gemeinde mitgenommen hätte. Aber nun gibt es ja Gott sei Dank während längerer Experimente genügend Zeit zum Reden und meine Frau erzählte zwischen Reagenzgläsern und Glaskolben sehr begeistert von *GoSpecial* und der Andreasgemeinde. Christoph ließ sich skeptisch darauf ein, sich so ein »Kirchenzeug« mal anzugucken. Nach dem ersten Versuch fand er, als gestandener Wissenschaftler könne er ruhig auch noch einmal kommen – seiner Verlobten zuliebe. Und dann ließ es ihn nicht mehr los. Irgendwann besuchte er – immer noch zögerlich – einen *GoOn*, einen unserer sechswöchigen *GoSpecial*-Kurzhauskreise. Und bald darauf hatte es ihn so gepackt, dass er auch zu unserem Oktoberfest kam: »Nur mal so, um zu gucken!« Bis er ganz von Gottes Liebe erfüllt war. Wenig später entdeckte er, dass er möglicherweise seiner Sehnsucht, Musik zu machen, in der Gemeinde nachgehen könnte. Inzwischen leitet er eine unserer Bands, und seine gute Gesangsstimme kommt der ganzen Gemeinde zugute. Natürlich besucht Christoph immer noch *GoSpecial*, weil es ihm einfach Spaß macht, dabei zu sein, weil er seine kirchendistanzierten Freunde mitbringen kann und weil auch Christen immer etwas mitnehmen. Trotzdem ist er nicht weniger motiviert in vielen anderen Gemeindeveranstaltungen anzutreffen.

Wie es zu dieser wundervoll-verrückten Entwicklung gekommen ist und welche Ideen dahinterstehen, lesen Sie in den nächsten Kapiteln.

Kapitel 2

Die Frage nach der Zielgruppe

Vom Mythos, unsere Gottesdienste
seien »für alle« da

S ie werden in diesem Kapitel herausgefordert. Der
entscheidende Auslöser für jede lebensstiftende Veränderung in der Gemeinde ist nämlich das Bewusst-
machen der Dinge, die leider nicht funktionieren. Dazu gehört viel Mut – vor allem in der Kirche. Und die Offenheit,
einzugestehen, dass ein Jugendlicher seinen Glauben eben
anders feiern möchte als eine alte Dame. Wie weltzuge-
wandt und sucherfreundlich Ihre Gemeinde ist, zeigt Ihnen
dabei ein Test.

Es gibt nur wenige Sätze, mit denen sich Pastoren und andere Verantwortliche unserer Kirche so sehr in die eigene Tasche lügen wie den, dass unsere Gottesdienste »für alle« da seien. Diese Behauptung ist einfach nicht wahr, und sie wird auch nicht richtiger, indem sie dauernd wiederholt wird. Die Sache ist vielmehr die, dass sie sich durch die Musik, die sie im Gottesdienst verwenden, die Sprache, die sie sprechen, die Kleidung, die sie tragen, die Themen, die sie behandeln usw., bewusst oder unbewusst ein Publikum formen. Natürlich will kein Pastor oder Verantwortlicher irgendeinen Menschen ausgrenzen, aber egal, wie sie ihren Gottesdienst auch gestalten, sie sprechen immer ganz bestimmte Menschen an, und andere sprechen sie nicht an, und wieder andere stoßen sie vielleicht sogar ab.

Dies ist eine ganz einfache Beobachtung, frei von jeglicher Wertung. Wenn Sie als Verantwortlicher beispielsweise die Orgel im Gottesdienst einsetzen, heißt das, dass Sie eine Musik verwenden, die von dem weit überwiegenden Teil der Menschen unter 45 heute nicht gehört und nicht gemocht wird. Wenn Sie stattdessen eine Band hinstellen, würden Sie diesen Teil der Bevölkerung zwar erreichen, aber Sie könnten ebenso sicher sein, dass ein Großteil der älteren Generation gegen diese Musik Sturm liefe. Ähnliches ließe sich für alle möglichen Bereiche zeigen. So besteht zum Beispiel kein Zweifel daran, dass unsere herkömmlichen Gottesdienste nicht gerade auf junge Familien mit kleinen Kindern zugeschnitten sind. Wenn Sie dies aber gezielt ändern, so dass diese sich darin wohl fühlen, wird es wahrscheinlich von Seiten der angestammten Gemeinde Beschwerden über das Kindergeplärr geben usw.

Der Pastor ist in einer wenig beneidenswerten Lage: Egal, was er an seinem bisherigen Gottesdienst zu ändern versucht, um neue Schichten zu erreichen: Irgendjemand wird sich dadurch immer gestört fühlen. Wenn er hingegen nichts ändert, wird er über die oft recht wenigen Kirchentreuen hinaus, die sich in seinen Gottesdiensten offensichtlich wohl fühlen, keine neuen Leute erreichen. Weil er aber nur ungern riskieren will, diese »letzten Treuen« auch noch zu vergraulen, wird er es in der Regel vorziehen, gar nichts zu verändern.

Auf Grund seines Studiums kann er überdies noch eine Fülle von theologischen Gründen vorweisen, warum die traditionelle Gottesdienstform gut, wertvoll und bewahrenswert ist. Dass er damit nur noch einen relativ geringen Ausschnitt der Bevölkerung erreicht, nimmt er stillschweigend in Kauf, indem er sagt: »Unsere Gottesdienste sind für alle da.« Aber das ist wie bei einem Metzger, der treuherzig behauptet: »Bei mir dürfen auch Vegetarier einkaufen …« Damit sagt er natürlich die Wahrheit, lässt aber den entscheidenden Teil des Satzes weg, der da lautet: »… solange sie Fleisch kaufen.«

Der Unternehmer Dr. Jörg Knoblauch, einer der Vorreiter in Sachen »Gottesdienst für Kirchendistanzierte« in Deutschland, konstatiert: »Man muss es einfach akzeptieren: Der 10-Uhr-Gottesdienst hat sich unfreiwillig zur Zielgruppenveranstaltung für über 50-Jährige entwickelt.« Wobei Knoblauch sagt, das sei gar nicht schlimm, man müsse es nur erkennen und zugeben. Es spricht überhaupt nichts dagegen, Gottesdienste für über 50-Jährige anzubieten. Die Frage ist nur: Was machen wir mit all den anderen Menschen und mit den vielen potenziellen Zielgruppen, die es darüber hinaus noch gibt (mal abgesehen davon, dass wir von den über 50-Jährigen auch nur noch erschreckend wenige erreichen)?

Wenn Sie zu einer Gemeinde gehören, in der das nicht der Fall ist, sondern in der eine bunte Mischung aller Geschlechter, Altersstufen und sozialen Schichtungen den gleichen Gottesdienst besucht, dann leben Sie in einer absoluten Ausnahme. In den meisten Gemeinden sind die Gottesdienstbesucher eine relativ homogene Gruppe. Wenn dem aber so ist, sollten wir uns drei Dinge überlegen:

1. Wen sprechen wir aktuell durch unsere Gottesdienste an? (Analyse des Gottesdienstbesuchs)

2. Wen wollen wir eigentlich ansprechen? (Festlegung einer Zielgruppe)
3. Wenn (1) und (2) nicht übereinstimmen, was wollen wir ändern? (Bestimmung einer Strategie)

Im Rahmen dieses Buches interessiert uns vor allem ein Teilaspekt dieser Frage, nämlich der, ob *Nichtchristen* überhaupt eine potenzielle Zielgruppe unserer Gottesdienste sind oder nicht. Diese Frage ist heiß umstritten.

In einer Frankfurter Gemeinde gab es in den 70er Jahren einen Pastor, der in fast jeder Predigt seine Zuhörer zur Entscheidung für Jesus aufrief. Die meisten Gottesdienstbesucher waren entschiedene Christen, und viele ärgerten sich darüber, Woche für Woche »anevangelisiert« zu werden. Doch der Pastor brachte es nicht übers Herz, es anders zu machen, denn, so sagte er, es könnte ja auch ein Nichtchrist unter den Gottesdienstbesuchern sein. Und er wolle nicht daran schuld sein, dass dieser nicht in den Himmel käme, weil er, der Pastor, es versäumt habe, ihm den richtigen Weg zu zeigen.

Es ist ein bleibendes Problem: Für wen richten wir unsere Gottesdienste aus? Wer ist unser Zielpublikum? Sind es die, die schon Christen sind, dann wird die Anbetung Gottes in diesem Gottesdienst eine große Rolle spielen, und die Predigt wird auf die Vertiefung des Glaubens und das geistliche Wachstum des Christen abzielen. Dann kann man sich eine gewisse Insidersprache leisten und auch »Insiderrituale«.

Völlig anders ist es, wenn unsere Gottesdienste für Nichtchristen gedacht sind: Diesen fehlt jegliche Grundlage, Gott anzubeten; im Grunde ist schon das gemeinsame Sprechen des »Vaterunsers« eine Überforderung eines Menschen, der Gott nicht als Vater kennt. Die Predigt in einem Gottesdienst für Nichtchristen wird nicht unbedingt jedes Mal – wie bei dem oben erwähnten Pastor – einen Aufruf zur Entscheidung für Jesus beinhalten müssen, aber Themen und Inhalte der Predigt werden sich hier nicht an

Fragen orientieren, die für Christen zwar von hohem Interesse sind, an den Fragestellungen eines suchenden Menschen aber völlig vorbeigehen. Insiderthemen kann man sich in einem solchen Gottesdienst ebensowenig leisten wie Insiderrituale oder eine Insidersprache. Die Konsequenz: Ein Gottesdienst, der auf diese Zielgruppe ausgerichtet ist, wird völlig anders aussehen als das, was wir sonst als »Gottesdienst« zu bezeichnen gewöhnt sind, so anders, dass es von so manchem Christen gar nicht als »richtiger Gottesdienst« empfunden wird (auf diese Frage kommen wir später noch zu sprechen).

Manche Gemeinden versuchen, sich diesem Problem zu entziehen, indem sie erst gar keine Unterscheidung zwischen Christen und Nichtchristen treffen. Aber auch sie kommen nicht umhin, sich zu entscheiden, ob ihre Gottesdienste eher auf kirchliche Insider ausgerichtet oder ob sie mehr oder minder offen für Kirchendistanzierte sind. Auch wenn Sie nicht zwischen Christen und Nichtchristen unterscheiden wollen, gilt: Je mehr Insiderrituale Ihre Gottesdienste aufzuweisen haben, desto mehr werden sie zur geschlossenen Gesellschaft. Sie sind für Außenstehende und kirchendistanzierte Sucher eben nur in dem Maße »offen«, wie unsere Metzgerei an der Ecke auch für jeden Vegetarier »offen« ist.

In Hinblick auf unsere Offenheit für Suchende lassen sich unsere Gottesdienste im Wesentlichen in fünf Kategorien einteilen:

- Sucher-orientiert
- Sucher-sensibel
- Sucher-freundlich
- Sucher-unfreundlich
- Sucher-feindlich.

Ich möchte Ihnen diese Begriffe verdeutlichen, indem ich ein Bild benutze: Stellen Sie sich vor, Sie veranstalten ein Abendessen, sagen aber weder, wo es stattfindet, noch, wann die Leute kommen sollen. Sollte doch jemand zu Ihnen finden, wird er verschlossene Türen vorfinden, und wenn er doch hineinkommt, sprechen Sie in einer Sprache, die er absolut nicht versteht, Sie spielen Musik, die ihm nicht gefällt, und servieren Essen, auf das er allergisch ist. So etwas würde ich *(Be-)Sucher-feindlich* nennen: eine trotz vielleicht anders lautendem äußeren Anspruch letztendlich geschlossene Gesellschaft.

(Be-)Sucher-unfreundlich wäre es, wenn Sie den Ort und die Zeit dieses Essens zwar bekannt gäben, gleichzeitig aber denen, die kommen, durch totales Ignorieren oder durch kleine Gesten signalisierten, dass sie eigentlich nicht dazugehören und ihre Gegenwart bei Ihnen auch nicht sonderlich erwünscht ist. Sie behandeln Ihre Besucher zwar nicht gerade feindselig, aber sie sind Ihnen ziemlich egal.

Anders, wenn Sie *(Be-)Sucher-freundlich* sind. Dann sind Sie nett zu Ihren Gästen. Sie ändern nicht viel, aber Sie sind freundlich zu ihnen, Sie nehmen sich vielleicht sogar die Zeit, ihnen zu erklären, was Sie da machen. Aber es bleibt dabei: Es sind Ihre Werte, Ihre Rituale und Ihre Sprache, die Sie hier durchziehen, und wenn jemand zu Ihnen stoßen will, wird er sich auf Ihre Gepflogenheiten einzustellen haben. *(Be-)Sucher-sensibel* wäre es, wenn Sie in der Gestaltung Ihres Essens darauf Rücksicht nähmen, was Ihre Gäste so ganz und gar nicht vertragen und was sie abschrecken könnte wiederzukommen. Vielleicht servieren Sie sogar eine Beigabe oder einen Nachtisch, von dem Sie gehört haben, dass er Ihrem Gast besonders gut schmeckt. *(Be-)Sucher-orientiert* schließlich hieße: Ihre Gäste bestimmen mit ihren Bedürfnissen und ihrem Lebensgefühl weitgehend den Stil und die Atmosphäre des Abendessens. Sie werden sie fragen: »Was möchten Sie essen? Welche Musik mögen Sie?« Für Sie ist es ein Anliegen ersten Ranges, dass sich Ihre Gäste bei Ihnen wohl fühlen.

Wie würden Sie Ihre Gemeinde innerhalb dieser Kategorien einordnen? Vielleicht hilft Ihnen dazu der folgende kleine Test:

Wie »Sucher-freundlich« ist Ihre Gemeinde? Bitte lassen Sie die Schlüsselmitarbeiter und Gottesdienstbesucher Ihrer Gemeinde folgenden Fragebogen ausfüllen. Lassen Sie sie dies anonym tun, denn es ist wichtig, dass sie die Fragen möglichst ehrlich beantworten.

Testen Sie die »Sucher-Freundlichkeit« Ihrer Gemeinde!

1. »Mir ist es ein Herzensanliegen, dass Menschen zum Glauben an Jesus Christus kommen.«

2. »Mir ist es ein Herzensanliegen, dass Menschen zu unserer Gemeinde hinzustoßen.«

3. »Ich arbeite aktiv daran mit, dass wenigstens ein kirchendistanzierter Mensch auf mittlere Frist regelmäßig in unseren Gottesdienst kommt.«

4. »Alles, was Außenstehende einlädt (wenn es nicht gerade die Sünde ist, die ja auch manchmal sehr einladend wirkt), sollte in unserem Gottesdienst gefördert werden. Alles, was befremdet und abstößt, sollte hingegen nach und nach abgebaut werden.«

5. »Ich mache mir oft Gedanken, wie man unseren Gottesdienst noch attraktiver gestalten könnte.«

6. »Im Gespräch mit Nichtchristen komme ich fast automatisch immer wieder auf den Glauben zu sprechen.«

7. »Musik, Sprache und Gestaltung im Gottesdienst sollten sich nicht an einer Tradition, sondern an den Bedürfnissen und Interessen der (nichtchristlichen) Besucher orientieren.«

8. »Ich spreche nach dem Gottesdienst gerne Menschen an, die ich nicht kenne oder die ich zum ersten Mal dort sehe.«

9. »Suchende sollten in unserer Gemeinde den ›Stil des Hauses‹ wesentlich mitbestimmen dürfen.«

10. »Ich bin bereit, eigene Interessen dafür zurückzustellen, dass viele andere sich in unserem Gottesdienst wohl fühlen.«

4 Punkte: Ich stimme von ganzem Herzen zu.
3 Punkte: Ich stimme im Wesentlichen zu.
2 Punkte: Das stimmt für mich teils, teils.
1 Punkt: Ich stimme eher nicht zu.
0 Punkte: Ich stimme ganz und gar nicht zu.

Auswertung:

Eine durchschnittliche Gesamtpunktzahl von
0–10 Punkten weist auf eine »Sucher-feindliche« Gemeinde hin.
11–20 Punkten weist auf eine »Sucher-unfreundliche« Gemeinde hin.
21–25 Punkten weist auf eine »Sucher-freundliche« Gemeinde hin.
26–30 Punkten weist auf eine »Sucher-sensible« Gemeinde hin.
31–40 Punkten weist auf eine »Sucher-orientierte« Gemeinde hin.

Meine Vermutung ist, dass sich die meisten unserer Gemeinden irgendwo im Sucher-unfreundlichen Bereich aufhalten. Viele Gemeinden sind sich zwar bewusst, wie sehr sie »im eigenen Saft schmoren« und wie unerträglich es ist, dass so wenig neue Leute zur Gemeinde stoßen. Aber sie sind zunächst einmal geneigt, die Schuld bei »denen da draußen« zu suchen. Sie sagen etwa: »Der Zeitgeist steht gegen die Kirche.« Oder: »Die Menschen heute sind so uninteressiert« – dabei könnte uns jeder Esoterik-Laden darüber belehren, wie offen die Menschen heute für spirituelle Fragen sind. Das Problem ist nicht, dass die Leute heute für »Religiöses« nicht offen wären, sondern dass sie sich in unseren Gottesdiensten nicht wohl fühlen!

Manchmal kann man beobachten, dass Gemeinden einen neuen Pastor engagieren, um endlich »neue Leute in die Kirche zu kriegen«. Doch in dem Augenblick, in dem tatsächlich neue Leute in die Kirche kommen und – damit verbunden – die Dinge anfangen, sich zu ändern, stehen auf einmal die gleichen Leute, die den Pastor kurze Zeit vorher gerufen haben, um etwas zu verändern, auf der Matte, um sich zu beschweren, dass sie ihre eigene Gemeinde nicht mehr wieder erkennen. Warum? Weil es ihnen im Zweifelsfall allemal wichtiger ist, dass die Gottesdienste so ablaufen, wie sie das gewöhnt sind, als dass neue Leute dazukommen, die alles durcheinander bringen.

Für viele Gemeinden ist es schon ein großer Schritt, wenn sie Sucher-freundlich werden: Fremde, die den Gottesdienst besuchen, werden freundlich begrüßt, man hilft ihnen, sich zurechtzufinden, und am Ausgang werden sie mit einem ehrlich gemeinten »Kommen Sie bald wieder!« verabschiedet. Alles in allem aber hat dies auf den Gottesdienst keine Auswirkung: Die Gemeinde feiert dort ihr Ritual, benutzt ihre Musik, spricht über ihre vertrauten Themen – völlig unabhängig davon, wie es einem Gast dabei geht.

Wer je erlebt hat, wie man in einer fremden Gemeinde völlig ignoriert oder lediglich neugierig von der Seite angeblickt werden kann, weiß, dass Sucher-Freundlichkeit für viele Gemeinden ein echter Schritt nach vorn ist. Aber das wird nicht ausreichen, Menschen zum Wiederkommen zu bewegen, es sei denn, sie bringen ohnehin schon eine hohe Motivation mit (etwa, weil sie neu zugezogene Christen sind). Es reicht in aller Regel schon gar nicht aus, um aus Nichtchristen Nachfolger Jesu zu machen.

Um nicht nur Zufallstreffer zu landen, sondern um Nichtchristen nachhaltig zu erreichen und anzusprechen, müsste ein Gottesdienst oder eine Gemeinde mindestens Sucher-sensibel werden. Das heißt, man muss versuchen, sich in einen Suchenden hineinzuversetzen und äußere Formen, die ihn abschrecken oder verwirren könnten, zu minimieren, und im Gegenzug Formen zu finden, die mit dem Lebensgefühl eines kirchendistanzierten Menschen halbwegs übereinstimmen. Wohlgemerkt: Es geht hier um die Form, nicht den Inhalt.

Um suchende Menschen nachhaltig anzusprechen und in das gottesdienstliche Leben zu integrieren, wird eine Gemeinde daher zwei Schritte gehen müssen. Diese beiden Schritte sollte man nicht verwechseln:

Der *erste Schritt* ist der von einem eher traditionsgebundenen Gottesdienst rein für kirchliche Insider zu einem Sucher-sensiblen Gottesdienst, der bewusst moderne Elemente aufgreift. Man sollte also bereits, wenn man einen Sucher-sensiblen Gottesdienst anbieten will, alle gottesdienstlichen Elemente daraufhin überprüfen, ob sie auf Außenstehende ansprechend und einladend wirken oder ob sie eher befremden und abschrecken. Und man muss daraus Konsequenzen ziehen. Man muss das »normale Programm« dahingehend modifizieren, dass es für das Lebensgefühl des modernen Menschen zumindest nachvollziehbar wird. Und das ist schon etwas, worüber ein Pastor hier zu Lande in seiner Gemeinde seinen Job verlieren kann. Er wird zumindest jede Menge Steine in den Weg gelegt bekommen. Dabei ist die Modernisierung des traditionellen Gottesdienstes nur der erste Schritt.

Der *zweite Schritt* bringt den Pastor dann endgültig in das Kreuzfeuer der Kritik. Die Scheidung der Geister entsteht in dem Moment, in dem er die Gretchenfrage stellt: Für wen machen wir eigentlich unsere Gottesdienste? Natürlich für Gott. Aber auf welche Menschen ist das Ganze ausgerichtet? Zielen wir auf Christen oder auf Nichtchristen? Möchten wir Leute zum Glauben führen und uns auf deren Fragestellungen und auf deren Lebensgefühl einlassen, indem wir »den Juden ein Jude und den Griechen ein Grieche« werden (vgl. 1 Korinther 9,20–22), oder geht es uns darum, dass sich in unserem Gottesdienst vor allem die Gläubigen wohl fühlen und deren Fragestellungen zufriedenstellend beantwortet werden? Erst wenn wir uns radikal auf das paulinische Prinzip einlassen, können wir davon reden, dass unsere Gemeinde wirklich Sucher-orientiert ist.

Normalerweise richtet eine Gemeinde ihren Gottesdienst vor allem für Christen aus. In dem Maß, wie sie sich in ihrer Gottesdienstgestaltung auf Nichtchristen ausrichtet, wird sie Kritik aus ihren eigenen Reihen erfahren. Sich auf die Denk- und Lebenswelt von Suchenden einzulassen, bringt zwangsläufig Zugeständnisse in der Gottesdienstgestaltung mit sich, die von manchem Mitglied der Kerngemeinde als »unzumutbar« empfunden werden. Nichts wird mehr selbstverständlich sein: Der sakrale Gottesdienstraum wird mit einem Mal ebenso zur Disposition stehen (»Liegt nicht in der Nachbarschaft eine für diese Zwecke sehr viel geeignetere Mehrzweckhalle?«) wie die Gottesdienstzeit (»Bringt eine Gottesdienstzeit von 9.30 oder 10.00 Uhr Familien mit Kindern nicht ziemlich in Stress?«) oder die geheiligte Orgel und die guten alten Lieder.

Nicht zuletzt im Gefolge des Vorbildes von *Willow Creek* haben einige Gemeinden in Deutschland angefangen, zusätzlich zu ihrem normalen Sonntagsgottesdienst einen Gottesdienst speziell für Kirchendistanzierte anzubieten. Dahinter steht die Erkenntnis, dass es sinnvoller ist, mit einem derartigen Projekt völlig neu zu beginnen, als einen bereits existierenden Gottesdienst mitsamt seinen gewachsenen Traditionen in eine völlig neue Gestalt zu transformieren. Gründe für eine Aufteilung der Gemeindegottesdienste in ein »erstes« und »zweites Programm« gibt es genug:

- Der herkömmliche Gottesdienst hat seine Berechtigung und seinen Segen. Wir können den Menschen, die in dieser Art von Gottesdienst zu Hause sind, nicht den Teppich unter den Füßen wegziehen. Auf der anderen Seite gilt: Mit unseren herkömmlichen Gottesdiensten erreichen wir viele unserer Zeitgenossen nicht mehr.
- Wir können diejenigen, die bisher in unsere Gottesdienste kamen, nicht ihrer geistlichen Heimat berauben, indem wir »ihren« Gottesdienst völlig umgestalten. Auf der anderen Seite können wir vom Evangelium unerreichte Menschen nicht »auf der Straße stehen« lassen.
- Wir können auch nicht erwarten, dass Menschen, die in Evangelisationen oder durch persönliche Gespräche zum Glauben gekommen sind, sich sofort in unseren Gottesdiensten wohl fühlen. Ein »zweites Programm« ist daher eine Chance für jeden Gemeindeeinsteiger.
- Wir können uns mit Gottesdienstformen auf die jeweilige Zielgruppe konzentrieren: Wir brauchen »Fromme« nicht mehr zu evangelisieren, und wir brauchen Nichtchristen nicht mehr zu Frömmigkeitsäußerungen zu nötigen, die ihrem geistlichen Stand noch nicht entsprechen.

Doch der Weg, ein »zweites Programm« für Kirchendistanzierte anzubieten, ist nicht allein selig machend. Laut der weltweiten Untersuchung in über 1 000 Gemeinden, die der Gemeindeaufbauforscher Christian A. Schwarz vorgenommen hat, bieten nur 4 % aller Gemeinden, die qualitativ und quantitativ wachsen, solche »Offenen Gottesdienste« an.

Das heißt: Die anderen 96 % schaffen es auch ohne Gottesdienste für Kirchendistanzierte, Menschen zu Christus zu führen und zu wachsen. »Offene Gottesdienste« sind nur ein Konzept unter vielen, wie man Außenstehende erreichen kann. (Und selbst, wenn Sie solche Gottesdienste in Ihrer Gemeinde anbieten, wird es hoffentlich nicht Ihr einziges sein.) Dies soll kein »Killerargument« gegen Sucher-orientierte Gottesdienste sein. Aber es ist wichtig, dass Sie ihren Stellenwert richtig einschätzen.

Sie können diesem Buch entnehmen, wie sehr wir von dem Konzept unseres *GoSpecial*s überzeugt sind. Der Erfolg dieses Gottesdienstes übertrifft selbst unsere hoch gesteckten Erwartungen. Es sind nicht nur die überraschend hohen Besucherzahlen, die uns bewegen, sondern was darüber hinaus passiert: Kirchendistanzierte finden wieder den Weg in die Gemeinde, Menschenleben werden verändert, Leute nehmen Christus in ihr Leben auf, wir kommen mit unserem Kleingruppenangebot nicht hinter der Nachfrage her. Das alles klingt verlockend und es ist auch wirklich aufregend. Aber machen wir uns nichts vor: Der Weg, einen Gottesdienst für Kirchendistanzierte anzubieten, ist oft beschwerlich, und nicht wenige Gemeinden, die damit angefangen haben, hörten sehr bald auch wieder damit auf. Das lag zum Teil an dem damit verbundenen hohen Arbeitsaufwand, teils lag es an Konflikten innerhalb der Gemeinde, zum Teil lag es aber auch daran, dass in vielen dieser Gemeinden der Sucher-Gottesdienst in kein gemeindliches Gesamtkonzept eingebunden und deswegen ein relativ isoliertes Ereignis war.

Dort liegt ein prinzipielles Problem: Denn was ist, wenn ein Suchender über unser »zweites Programm« zum Glauben gekommen ist und nun *regelmäßig* an einem Gottesdienst für Christen teilnehmen möchte? Er wird glauben, er sei »im falschen Film«, wenn wir ihn durch Rockmusik und legere Kleidung ansprechen, und er dann im Morgengottesdienst der gleichen Gemeinde mit lauter grauen Anzügen und Orgelmusik und einer völlig antiquierten Sprache konfrontiert wird. Wenn sich nicht parallel zu unserem »zweiten Programm« auch in unserem »ersten Programm« etwas ändert, werden wir entdecken, dass wir durch die Einführung eines Sucher-Gottesdienstes das Problem der Integration neuer Leute in unsere Gemeinde nicht gelöst, sondern lediglich aufgeschoben haben.

Darum haben wir in unserer Gemeinde vor der Einführung eines »zweiten Programms« unsere normalen Sonntagsgottesdienste erst einmal konsequent »aufgelockert«.

(Eine Fülle von praktischen Tips finden Sie in dem Buch von Klaus Douglass: »Gottes Liebe feiern. Aufbruch zum neuen Gottesdienst«, C&P-Verlag 1998). Wir haben in diesen Gottesdienst sukzessiv modernere Elemente hineingebracht. Das heißt: Auch unsere »ganz normalen« Gottesdienste bestimmt eine ausgesprochen fröhliche Atmosphäre; es wird gelacht und geweint und geklatscht, es ist alles andere als steif und förmlich, und viele, die zum ersten Mal in unseren Gottesdienst kommen, fühlen sich spontan angesprochen. Deswegen hatten wir damit allerdings noch lange keinen Sucher-orientierten Gottesdienst. Wir hatten einen Gottesdienst, der vielleicht etwas sensibel geworden war für suchende Menschen. Erst als das einigermaßen in die Praxis umgesetzt war, sind wir dann den zweiten Schritt gegangen und haben einen wirklich Sucher-orientierten Gottesdienst angeboten.

Doch damit war auch noch nicht Schluss. Wir merkten: Der Sprung vom *GoSpecial* zum »normalen« Gottesdienst, auch wenn dieser noch so aufgelockert war, blieb für einige einfach zu groß. Außerdem ließ sich der Morgengottesdienst, der sich an einem traditionellen Gerüst orientiert, nicht unbegrenzt auflockern. So bieten wir seit einiger Zeit sonntags einen zusätzlichen Gottesdienst an, der durchweg modern und ausgesprochen Sucher-sensibel, aber nicht Sucher-orientiert ist (das heißt, er zielt prinzipiell ab auf Christen und solche, die es werden wollen). Dieser Gottesdienst findet wie *GoSpecial* am Sonntag Nachmittag statt (um 17.30 Uhr), und nimmt vom Stil – nicht vom Status! – her eine wichtige Brückenfunktion zwischen den beiden anderen Gottesdienstformen wahr.

Um die Menschen, die es nun ganz und gar nicht modern mögen, nicht völlig zu vergraulen, haben wir schließlich einen rein klassischen Gottesdienst ins Angebot aufgenommen, der wie *GoSpecial* jeweils am zweiten Sonntag des Monats stattfindet und ebenfalls sehr gut besucht wird. Zusammengefasst sieht unser Gottesdienstangebot so aus:

Die vier Gottesdienst-Konzepte

a) Uhrzeit b) Äußere Form c) Idee d) Was erwartet Sie?
f) Lobpreis g) Predigt h) Zielgruppe i) Zweck

Morgengottesdienst	Abendgottesdienst
a) jeden 1. und 3.–5. Sonntag des Monats um 10.00 Uhr	jeden 1. und 3.–5. Sonntag des Monats um 17.30 Uhr
b) »Aufgelockert traditionell«	»Modern«
c) An der traditionellen Liturgie orientiert, aber an vielen Punkten dem Lebensgefühl der Menschen heute angepasst	Am Lebensgefühl der heutigen Menschen orientiert, nur teilweise mit Anleihen bei der traditionellen Liturgie
d) Gottesdienst so, wie Sie ihn seit Jahren bei uns kennen und schätzen: Eine bunte Mischung von Orgel- und anderer akustischer Musik und alten wie neuen Liedern. Liturgie, Predigt, meditative Elemente, weißer Talar, Taufen, Abendmahl, Einzelsegnungen, Lachen, Weinen, Klatschen	»Gottesdienst in moderner Gestalt«: Primär elektronische Musik, Schlagzeug, neue Lieder, Theater/Kreativstücke, Taufen, Predigt, Frage und Antwort, Einzelsegnungen, Abendmahl, Lachen, Weinen, Klatschen, viele Experimente, Interaktion mit Gottesdienstbesuchern und viel »kreatives Chaos«
e) Elektonische Musik, Schlagzeug, Theater, Frage und Antwort nach der Predigt, »wilde« Sachen.	Orgelmusik, klassische Musik, alte Lieder traditionelle Liturgie, Talar, stark meditative Elemente
f) Eher neue Lieder, ca. 8–10 Minuten; Sitzen und Stehen (freie Formen); mitsingen und mitmachen.	Eher neue Lieder, ca. 15–20 Minuten, mehr Stehen (im Prinzip freie Form); mitsingen und mitmachen
g) Vorgeschlagene Predigttexte, zeitweise Reihenpredigten	Reihenpredigten
h) Christen und alle, die dem christlichen Glauben gegenüber aufgeschlossen sind, und die von ihrer Sozialisation her positiv auf traditionelle Gottesdienstformen ansprechen, die aber auch offen für moderne Elemente sind.	Christen und alle, die dem christlichen Glauben gegenüber aufgeschlossen sind, die aber vom Lebensgefühl her mit traditionellen Gottesdienstformen nicht so viel anfangen können, sondern eher etwas Modernes suchen.
i) Feier der Liebe Gottes, Zurüstung für den Alltag und Kommunikation	Feier der Liebe Gottes, Zurüstung für den Alltag und Kommunikation

der Andreasgemeinde

e) Was suchen Sie in diesem Gottesdienst vergeblich?

Klassischer Gottesdienst	GoSpecial
a) jeden 2. Sonntag des Monats um 10.00 Uhr	jeden 2. Sonntag des Monats um 16.30, 18.30 und 20.30 Uhr
b) »Traditionell«; stark kirchenmusikal. Prägung. Eher nachdenklich.	»Experimentell«, modern, schnell, laut. Lustig und nachdenklich zugleich
c) Kompromisslos an der traditionellen Liturgie orientiert	Kompromisslos am Lebensgefühl der heutigen Menschen orientiert
d) »Gottesdienst wie in der guten alten Zeit«: eine exquisite Mischung aus Orgel- und anderer klassischer Musik, Chorgesang, und alten Liedern. Herkömmliche Liturgie, Predigt, viele ruhige und meditative Elemente, weißer Talar, selten Taufe und Abendmahl.	»Der etwas andere Gottdienst«: Primär elektronische Musik, Schlagzeug, neue Lieder, Frage und Antwort nach der Predigt, Theater-/ Kreativstücke, Lachen, Weinen, Klatschen, Experimente, Interaktion mit Gottesdienstbesuchern und viel »kreatives Chaos«.
e) Elektr. Musik, moderner Lobpreis, Schlagzeug, Theater, Einzelsegnungen, neue Lieder, Frage und Antwort, Experimente, »wilde« Sachen	Orgelmusik, klassische Musik, Chorgesang, Gesangbuchlieder, Liturgie, Talar, Glaubensbekenntnis, Einzelsegnungen, Taufe und Abendmahl.
f) Liturgisch oder kirchenmusikalisch, ca. 6–10 Minuten; eher Sitzen und Zuhören.	Neue Lieder, ca. 6–8 Minuten; Sitzen. Mischung aus Zuhören und Mitsingen.
g) Vorgeschlagener Predigttext.	Lose Themenfolge.
h) Christen und alle, die dem christlichen Glauben gegenüber aufgeschlossen sind, und die von ihrer Sozialisation her vor allem auf traditionelle Gottesdienstformen ansprechen.	Kirchendistanzierte, Kirchenfrustrierte, Christen, die ihre Freunde mitbringen wollen, sowie überhaupt alle, die Spaß daran haben, Kirche einmal »ganz anders« zu erleben.
i) Feier der Liebe Gottes, Zurüstung für den Alltag, Meditation und Stille, Freude a. d. Verbindung von Gottes Wort und klassischer Musik.	Wiedergewinnung von Vertrauen, Kommunikation, Öffnung für den christlichen Glauben, Evangelisation, Hinweis auf andere gemeindliche Angebote.

Diese Übersicht kann deutlich machen, was uns wichtig ist: *GoSpecial* war nicht der erste und auch nicht der letzte Schritt in der Entwicklung der Gottesdienste unserer Gemeinde.

Damit sind wir wieder bei der Anfangsfrage dieses Kapitels angekommen: Für wen richten wir unsere Gottesdienste aus? In unserer Gemeinde haben wir einen Weg gefunden, über vier verschiedene Gottesdienstangebote zwar bei weitem nicht alle, aber doch eine relativ breite Schichtung der bei uns ansässigen Menschen anzusprechen. *GoSpecial* ist sicherlich das spektakulärste dieser vier gottesdienstlichen Angebote, aber nur im Zusammenspiel mit den anderen zu verstehen.

In Niederhöchstadt haben wir sehr lange und aufmerksam beobachtet, welche Menschen mit welchen Fragen, Hoffnungen und Sehnsüchten nicht in unseren »normalen« Gottesdienst kommen, bevor wir ein in der Form ganz auf sie zugeschnittenes Konzept entworfen haben. Wir waren dabei selbst immer wieder überrascht, wie viele Kleinigkeiten unseres Alltagslebens von unserer gesellschaftlichen und sozialen Rolle bestimmt werden (das fängt bei der Liedauswahl an und hört bei der Wahl der Snacks auf). Wie wir alle diese Anregungen, Ideen und Träume in ein konkretes Modell für unsere Ortsgemeinde zusammengefasst haben, erfahren Sie im Anschluss. (Wie ein Gottesdienst wieder zu einem Ort werden kann, in dem unsere Sehnsüchte erfüllt werden, lesen Sie in: Clemens Bittlinger/Fabian Vogt: »Die Sehnsucht leben. Gottesdienst neu entdeckt«. München 1999).

Kapitel 3

Wenn alles »etwas anders« ist

Der »typische« Ablauf von *GoSpecial*

*W*ir möchten Sie in diesem Kapitel einladen, mit uns einen Gottesdienst zu besuchen. Einen, der hoffentlich nicht nur Spaß macht, sondern – wie alle engagierten Veranstaltungen – etwas in Bewegung setzt und Sie inspiriert, sich über Ihren persönlichen »Traumgottesdienst« ein bisschen klarer zu werden. Zur Unterstützung erklärt Ihnen ein Erzähler bei jedem Element, was sich das Team dabei gedacht hat und welche Vorbereitungen dahinter stecken. Viel Vergnügen!

55

Machen Sie jetzt einfach einmal die Augen zu (zugegebenermaßen beim Lesen nicht ganz einfach), und seien Sie Gast bei einem virtuellen *GoSpecial*, einem, in dem Ihnen die einzelnen Elemente und das jeweils dahinter stehende Konzept in Ruhe vorgestellt und erläutert werden. Denn jeder *GoSpecial* hat im Prinzip das gleiche Grundgerüst:

Musik	ca. 3	Minuten
Moderation	ca. 4	Minuten
Musik	ca. 3	Minuten
Theater	ca. 5–7	Minuten
Kindertheater	ca. 3	Minuten
	(nur im 1. Gottesdienst)	
Lobpreis	ca. 7–8	Minuten
Predigt	ca. 20	Minuten
Musik	ca. 7	Minuten
Kreuzverhör	ca. 8–10	Minuten
Interviewgast (optional)	ca. 5	Minuten
Fürbitte	ca. 4	Minuten
Segenslied	ca. 3	Minuten
Mitteilungen	ca. 3	Minuten
Schlusslied	ca. 3	Minuten
Gesamt	ca. 75–80 Minuten	

Diese immer wiederkehrende Struktur trägt viel dazu bei, dass die Besucher nach einiger Zeit ein Heimatgefühl entwickeln, weil sie wissen, was sie an welcher Stelle erwartet. Sie empfinden den Ablauf als strukturiert und freuen sich manchmal auch schon auf bestimmte Elemente. Allerdings sorgen wir dafür, dass immer wieder Veränderungen und Überraschungen auftreten, die jede Abstumpfung verhindern.

Diesmal besuchen Sie in Ihrer Fantasie einen absolut »typischen« Standard-*GoSpecial*, der so in der Realität wohl niemals vorkommen wird. Er ist lediglich die Richtschnur, an der wir uns orientieren. Eine, die gleichzeitig dazu beiträgt, dass wir als Team inzwischen relativ gut einschätzen können, welche Vorbereitung wie viel Zeit in Anspruch nimmt. Große Veränderungen des Standardablaufs führen in der Regel zu überproportionaler Mehrarbeit. Wenn Sie selbst einen Sucher-Gottesdienst starten wollen, sollten Sie daher zu Ihrer eigenen Sicherheit bald (vielleicht nach einigen Probeläufen) ein Grundgerüst entwickeln. Auch aus dem einfachen Grund, dass Sie im Team sehen können, ob sie tatsächlich Ihr inhaltliches Konzept umgesetzt haben. Und nun: Herzlich willkommen!

1. Noch bevor Sie den Veranstaltungsort betreten, werden Sie am Eingang freundlich, aber unaufdringlich von unserem **Begrüßungsteam** empfangen, das Sie schon hier auf das Thema des Tages einstimmt. Es bemüht sich dabei, sehr zurückhaltend zu sein. Umfragen zeigen nämlich, dass Menschen in unseren Breitengraden regelrecht Angst davor haben, aus ihrer Beobachterrolle herausgedrängt zu werden. Das heißt, man muss der Tatsache Rechnung tragen, dass gerade Kirchendistanzierte sehr auf Anonymität und Unverbindlichkeit achten. Sie wollen sich auf keinen Fall gezwungen fühlen, öffentlich Position zu beziehen, in irgendeiner Form aufzufallen oder gar vereinnahmt zu werden. Sie sehen sich in der Regel als kritische Beobachter. (»Mal gucken, was die Gemeinde sich diesmal einfallen lässt. Wahrscheinlich geht's ihr doch nur ums Geld oder um meine Bekehrung.«) Nichts wäre also schlimmer als die gut gemeinte Begrüßung: »Schön, dass Sie auch mal in unsere Kirche kommen.« Damit picke ich die Person aus der Menge heraus, ich mache ihr unausgesprochen Vorwürfe und ich dränge sie, inhaltlich zu reagieren, sich zu verteidigen und in ein Gespräch einzutreten. Manchen ist schon ein Händeschütteln zu viel. Bei *GoSpecial* versuchen wir erst einmal, unverbindlich höflich, einladend und diskret vorzugehen. Wir bieten eine zum Thema passende kleine Überraschung an, die man im Vorübergehen ergreifen kann, wir machen eine kleine allgemeine Blitzumfrage,

etwa: »Herzlich willkommen, hier haben Sie einen Klebe-
punkt. Wenn Sie Lust haben, kleben Sie ihn auf unsere
Stellwand zum Thema ›Gibt es überhaupt so etwas wie
Auferstehung?‹ in eines der Antwortfelder ›Ja‹ oder
›Nein‹.« Man kann also auf nette Art und Weise sehr konkret werden und die Auswertung im Gottesdienst interessiert dann auch wirklich alle: »64 % der Anwesenden glauben …« Oder wir begrüßen die Menschen mit einem passenden Kostüm (Miss Moneypenny, Mister Spock oder die
sieben Zwerge).

Man sollte die Bedeutung der Begrüßung nicht unter-
schätzen. Sie ist das Erste, was die Menschen wahrnehmen, sie bestimmt manchmal die Einstellung der Besucher
für den ganzen Gottesdienst und sie zeigt: Du bist wichtig,
und wir freuen uns, dass du da bist. Wenn Sie Kais Eindruck von seinem ersten *GoSpecial*-Besuch gelesen haben,
ahnen Sie etwas von der Stärke eines sympathischen Will-
kommensgrußes. Darum haben wir ja auch ein eigenes
Team, dessen Aufgabe »nur« darin besteht, Neugierigen
den Schritt über die Schwelle so leicht und so angenehm
wie möglich zu machen.

2. Sie betreten jetzt einen **Raum**, der sorgfältig mit Kulissen, Bildern, Requisiten oder vielleicht sogar passenden
Gerüchen auf das Thema hin gestaltet wurde. Dabei sind
der Fantasie keine Grenzen gesetzt. Es kommt auf Ab-
wechslung und Ästhetik an. In einigen Fällen verrät das
Bühnenbild schon einiges über das, was zu erwarten ist
(Sie sehen das Studio von Harald Schmidt oder eine Bade-
wanne voller Goldstücke, im Raum hängen überall Leinen
mit Reizwäsche oder das Thema prangt deutlich sichtbar
an der Wand); manchmal sind es aber gerade die geheim-
nisvollen Gestaltungsstücke, die neugierig machen (eine
merkwürdig blubbernde Substanz leuchtet und qualmt in
großen Glaskolben, auf der Bühne steht ein Tisch mit acht
Stühlen, Stoffbahnen verwandeln den Raum in eine Höhle
oder ein Pantomime steht erstarrt in einer Ecke).

In einer immer mehr auf das Visuelle fixierten Welt reagieren die Besucher als Erstes auf die Optik. Sie merken schnell, ob ein Raum so gestaltet ist, dass sie sich wohl fühlen, oder ob sie sich fehl am Platz fühlen. Ob sie Lust haben, in dieser Atmosphäre zuzuhören oder nicht. Darum kann eine liebevolle Gestaltung den gesamten Charakter der Veranstaltung prägen, auch wenn das bisweilen bedeutet, Basketballkörbe, eine Cheerleadertruppe oder eine alte Autorückbank auftreiben zu müssen.

Noch ein Wort zum Raum: Sie müssen möglichst früh herausfinden, wie groß die Berührungsängste Ihrer Zielgruppe bei bestimmten Örtlichkeiten sind und ob die vorhandenen Räumlichkeiten überhaupt für einen modernen Gottesdienst geeignet sind. Ein noch so schönes Barockgebäude kann völlig untauglich sein, wenn es keine Möglichkeit gibt, in ihm Vorurteile gegen Kirche abzubauen (harte Bänke, Grabsteine an den Wänden, ein riesiger, leidender Christus über dem nicht verschiebbaren Altar usw.). In *Willow Creek* bemüht man sich, überhaupt keine christlichen Symbole in den Sälen zu haben. Das mag Ihnen vielleicht übertrieben vorkommen, aber manches Gebäude hat eine Grundatmosphäre, die man nicht so leicht ändern kann. Wenn es darüber hinaus auch noch schlecht heizbar, dunkel und mit einer Akustik versehen ist, die jeden Schlagzeugton zum Höllengewitter entarten lässt, suchen Sie sich lieber etwas anderes. Oft ist es für Kirchendistanzierte gerade wichtig, nicht in eine Gemeinde, sondern in ein öffentliches Gebäude der Stadt (Mehrzweckhalle, Schule usw.) eingeladen zu werden. Seien Sie dabei vor allem ehrlich mit sich selbst und stellen Sie sich zwei Fragen:

1. Wo fühlen Sie sich richtig wohl, wo können Sie sich zurücklehnen und gut gelaunt genießen und zuhören?
2. Wo fühlt sich Ihre Zielgruppe am schnellsten heimisch, wo ist sie aufgeschlossen und motiviert?

Nun aber zurück zu *GoSpecial*.

3. Im Hintergrund läuft leise **Musik**. Wenn möglich live. Aber natürlich haben wir am Anfang auch viel mit CDs gearbeitet. Das hat die gleiche Wirkung, gönnt einem aber nicht den Spaß, einem Pianisten auf die Finger gucken zu können. Es lohnt sich daher auf jeden Fall, in der Gemeinde (oder auch der örtlichen Musikschule) nachzufragen, ob nicht jemand Lust und Interesse hat, ein »bisschen zu spielen«. Mancher Musikstudent freut sich über die Möglichkeit, »Auftrittserfahrungen« zu sammeln. Bei uns präsentieren die Musiker aus den Bands oft einfach einige Improvisationen moderner Lobpreislieder. Es geht dabei weniger um konzertreife Vorträge als um das Schaffen einer Atmosphäre, in der man sich gern unterhält, lacht oder auch mal mitsummt. Wer allein gekommen ist, hört ein bisschen zu, wer Freunde trifft, braucht keine Scheu zu haben, in einem Gottesdienstraum laut zu sprechen.

Wir versuchen bewusst, spätestens eine halbe Stunde vor Beginn des *GoSpecial*s mit der Musik zu beginnen. Erstens, weil zu dieser Zeit die ersten Besucher kommen, und zweitens, weil wir uns damit selbst einen offiziellen Anfangspunkt setzen. Die Verführung ist groß, bis fünf Minuten vor Beginn der Veranstaltung an der Technik zu basteln, die Kulissen noch einmal zu verbessern oder noch einmal Beleuchtungsproben zu machen. Schließlich gilt auch bei solchen Veranstaltungen die alte Faustregel: Egal, wann man mit den Vorbereitungen anfängt, am Ende fehlen 30 Minuten – und es wird hektisch. Das ist auch gar nichts Schlimmes, nur darf sich diese Hektik nicht auf die Besucher übertragen. Lassen Sie lieber ein Detail weg oder vertrauen Sie auf die Freude an der Improvisation, bevor Sie den wohlwollenden Gästen mit einem zehnminütigen Soundcheck (»Test, Test, eins, zwei, drei, hallo«) jede Vorfreude nehmen.

Und es tut auch den Mitarbeitern gut, vor der Veranstaltung noch einmal zur Ruhe zu kommen, zu beten und dann gutgelaunt loslegen zu können.

4. Weil Sie etwas zu früh in unserem virtuellen *GoSpecial* sind, haben Sie noch Zeit, die – zugegebenermaßen oft ziemlich überquellende – **Zettelsammlung** auf Ihrem Platz anzuschauen. Da liegen speziell für den heutigen Gottesdienst vorbereitete **Liedtexte**, damit Sie nicht ewig in einem großen Gesangbuch blättern müssen. Da gibt es kleine Zettel für Fragen und Gebetsanliegen, die Sie erst später brauchen, einen Ablaufplan, der Ihnen kurz gefasst etwas über *GoSpecial* und seine Elemente erzählt, und einen Fragebogen, in dem Sie am Ende vermerken können, wie Ihnen das alles, was gleich an Eindrücken und Ideen über Sie hereinstürzen wird, gefallen hat. Hier ist auch der Platz, an dem Sie Ihre Kritik oder Ihre Anregungen loswerden können. Ein Muster dieses Ablaufplanes und des Feedback-Zettels finden Sie auf den folgenden Seiten.

Auch diese Informationen sollen den Kirchendistanzierten helfen, sich zurechtzufinden. Als Veranstalter wissen Sie nicht, mit welchem Vorwissen und welchen Voraussetzungen die Menschen zu Ihnen kommen. Mancher entdeckt vielleicht erst auf dem Ablaufplan, dass er seine Kinder ja ins Kinderprogramm schicken könnte, und andere sehen schon vor Beginn, dass dieser Gottesdienst nicht über ihre Köpfe hinweggeht, sondern für und mit ihnen gefeiert werden soll.

5. So! Der Gottesdienst beginnt. Da in der Regel immer Menschen zu spät kommen, planen wir meist eine dreiminütige Kulanzzeit ein, aber nicht mehr. Wer nicht rechtzeitig da ist, verpasst eben etwas. Ein Gefühl, das wir übrigens in allen Bereichen der Gemeinde fördern und erleben. Wir versuchen, uns bei jedem Angebot so viel Mühe zu geben, dass jeder, der nicht kommt, das Gefühl nicht los wird, er habe etwas verpasst.

Sie sind ja zum Glück schon da und die Band beginnt mit einem **Eröffnungsstück**. Meist mit einem bekannten säkularen Titel, den Sie auch schon im Radio gehört haben und der – manchmal auf sehr humoristische Weise (zum

Info • Info • Info • Info • Info

1. Während des Gottesdienstes um 16.30 Uhr bieten wir für Kinder Betreuung und Programm an.
- bis 5 Jahre im Untergeschoß
- von 6 bis 12 Jahren im Untergeschoß

2. Da sich GoSpecial finanziell weitgehend selbst trägt, freuen wir uns über jede Spende. Wer unsere Arbeit unterstützen möchte, kann dies mittels einer Kollekte am Ausgang tun. Prinzipiell aber gilt: Sie sind unser Gast. Bitte fühlen Sie sich nicht verpflichtet, etwas in den Kollektenteller zu werfen.

3. Die Predigt ist nach dem Gottesdienst am Buchtisch auf Kassette erhältlich, eine Kassette kostet DM 5,-.

4. Wir laden Sie natürlich auch herzlich zu unserem Gottesdienst an den anderen Sonntagen ein, um 10.00 Uhr und um 17.30 Uhr in unserem Gemeindehaus.

5. Hat der Abend bei Ihnen Fragen aufgeworfen? Oder wünschen Sie sich einfach eine persönliche Aussprache? Dann sprechen Sie ruhig einen Mitarbeiter/in an: wir nehmen uns gern Zeit für Sie oder vereinbaren einen Gesprächstermin.

6. In unserem Bistro können Sie im Anschluß etwas essen oder trinken, zur Ruhe und ins Gespräch kommen.

7. Nähere Informationen über unsere Gemeinde erhalten Sie an unserem Büchertisch und Infotisch. Oder fragen Sie ganz einfach einen Mitarbeiter.

8. Infos zu GoSpecial gibt es auch im Internet unter //www.andreasgemeinde.de

Die GoSpecial Termine 1999

10.01.: „Kann denn Liebe Sünde sein?"
Von Vergeben und gelingenden Beziehungen

14.02.: „Was würde Jesus zu Gerhard Schröder sagen?"
Sei brutal"

14.03.: „Ach, wenn ich doch so begehrt wär..."
Von der Suche nach Anerkennung

11.04.: „Anta'x"
Von der Sehnsucht nach dem Miteinander

9.05.: „Am Anfang war der Knall"
Glaube und Naturwissenschaften

13.06.: „Je, irgendwie glaube ich schon an Gott"
Wann ist ein Christ ein Christ?

08.08.: „Was würde Jesus zum Dalai-Lama sagen?"
Komm, wir machen eine Buddelkiste

12.09.: „Gleich und gleich gesellt sich gern"
„Wenn Männer Männer und Frauen Frauen lieben"

10.10.: „Ich habe Angst vor der Zukunft"
Von Ausbruch aus dem schlimmsten aller Gefängnisse

19.-17.10.: Ökotourist mit Andreas Malessa

14.11.: „Warum gerade ich?"
Wie kann Gott das zulassen?

12.12.: „An Weihnachten machen wir auf Familie"
Von guten Kindern und nicht von bösen Elfen

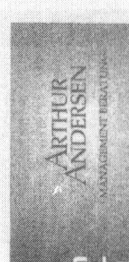
Herzlich willkommen

bei

GoSpecial

DER ETWAS ANDERE GOTTESDIENST

Am zweiten Sonntag im Monat,
16.30 Uhr, 18.30 Uhr und 20.30 Uhr
um 16.30 Uhr mit
Betreuung für Kinder bis 6 Jahre
und Programm
für Kinder bis 12 Jahre

Ev. Andreas-Kirchengemeinde
Niederhöchstadt
Langer Weg 2
65760 Eschborn-Niederhöchstadt
Telefon (06173) 3229955
Fax (06173) 320173

Liebe Besucherinnen und Besucher,

wir freuen uns, Sie Freude in unserem „etwas anderes" Gottesdienst begrüßen zu können.

Ob Sie allein, mit Freunden oder mit der ganzen Familie gekommen sind - uns liegt daran, daß Sie sich wohl fühlen.

GoSpecial ist ein Gottesdienst, der vor allem für Menschen konzipiert ist, die sonst nicht in die Kirche gehen.

Manches mag für Sie neu und ungewohnt sein, die Musik und die Lieder, kreative Elemente und die Art der Ansprache; es ist eben alles etwas anders, als Sie es erwarten.

Darum wollen wir Ihnen hier einige Informationen zu dem geben, was Sie erwartet, damit Sie sich rasch „wie zu Hause" fühlen.

Uns interessiert sehr, was wir tun können, um GoSpecial weiter zu verbessern. Darum freuen wir uns, wenn Sie den beiliegenden Zettel „Sagen Sie uns Ihre Meinung" ausfüllen. So können wir uns optimal auf Ihre Bedürfnisse einstellen.

Einen schönen Gottesdienst wünscht Ihnen

Ihr GoSpecial-Team

Jeder GoSpecial ist etwas anders: Aber einige Elemente werden Sie immer wieder entdecken.

1. Live-Musik und Begrüßung
Die Eingangsphase dient dazu, daß Sie sich auf den Gottesdienst einstimmen können. Außerdem haben Sie schon jetzt die Möglichkeit, einen Gebetszettel auszufüllen. Ihre Anliegen werden in einem unserer Gebetskreise aufgenommen oder beim Abschlußgebet berücksichtigt.

2. Kreativ-Teil
Hier werden Sie immer „etwas anderes" durch Pantomime, Kabarett, Sketch oder Drama auf das Thema des Gottesdienstes vorbereitet.

3. Sing and Pray
Dieser Teil dient dazu, daß wir uns in besonderer Weise für Gott öffnen. Lassen Sie die Musik und die Texte auf sich wirken. Sie müssen nicht mitsingen, aber schön wäre es schon. Auch Mitklatschen ist erlaubt.

4. Predigt
Unter Predigt verstehen viele Leute etwas Negatives. Wir versuchen, Sie vom Gegenteil zu überzeugen.

5. Kreuzverhör
Im GoSpecial steht der Prediger Rede und Antwort. Während der Musik nach der Predigt können Sie Fragen, die Sie an den Prediger haben, auf den dafür vorgesehenen Zettel aufschreiben, die mit den Gebetszetteln eingesammelt werden. Der Moderator nimmt den Prediger dann mit Ihren Fragen ins Kreuzverhör. Der Prediger soll in knapp zehn Minuten so viele Fragen wie möglich beantworten und hat dabei pro Frage maximal eine Minute Zeit.

6. Statement
An dieser Stelle kommt manchmal ein Erlebnisbericht oder ein kritischer Kommentar von Gästen zum Thema. Manchmal findet das Statement auch in Form eines Interviews statt.

7. Schlußgebet, Mitteilungen und Segen
Im Schlußgebet wird für Ihre Anliegen auf den eingesammelten Zetteln von einem Team gebetet. Aus Zeitgründen können vielleicht nicht alle Gebete berücksichtigt werden. Alle Anliegen werden aber von unserem Gebetsteam an der Kommunion Woche vor Gott gebracht.

Der Segen ist der Zuspruch Gottes, daß er in dem Maße spürbar mit Ihnen sein will, wie Sie sich an sein Wort anlassen. Wer den Segen Gottes für ein spezielles Anliegen sucht, für den gibt es das Angebot der Einzelsegnung nach dem Gottesdienst.

8. Gespräche
Nach dem Gottesdienst gibt es die Möglichkeit zu Gesprächen bei einem Gefahr. Lassen Sie sich am Büchertisch umschauen. Wer noch Fragen hat und eine persönliche Aussprache wünscht, kann sich an einen unserer Mitarbeiter wenden, die Sie an ihren Namensschildern erkennen können.

Zwischen dem Programmpunkten gibt es immer wieder Musik und gemeinsame Lieder.

Ihre Meinung ist gefragt!

Ihre Meinung ist uns wichtig. Daher freuen wir uns, wenn Sie uns eine Rückmeldung geben und diesen Fragebogen ausfüllen. Sie können ihn am Büchertisch abgeben oder in einen der Kolltenteeimer werfen.

Wie gefiel Ihnen der heutige GoSpecial?

	sehr viel	gut	okay	schlecht
Begrüßung am Eingang				
Musik				
Moderation				
Kreativteil				
Predigt				
Kreuzverhör				
Interview				
Gebet				
Atmosphäre				

Durch den heutigen GoSpecial haben Sie ...
- ☐ über den christlichen Glauben nachgedacht.
- ☐ neues Interesse an Kirche bekommen.
- ☐ Anstöße für Ihren Alltag erhalten.
- ☐ kaum neue Impulse erhalten.

Sind Sie heute zum ersten Mal bei GoSpecial?
- ☐ ja   ☐ nein

Wie haben Sie vom heutigen GoSpecial erfahren?
- ☐ durch Bekannte
- ☐ durch Plakate oder Handzettel
- ☐ durch Radio oder Fernsehen
- ☐ durch die Zeitung
- ☐ durch den Gemeindebrief »Andreas«

Sie besuchen »normale« Gottesdienste ...

❏ öfter   ❏ nur selten   ❏ sonst nie

Sie wohnen ...

❏ in Niederhöchstadt

❏ im Umkreis von ...   ❏ 5 km

                                        ❏ 15 km

                                        ❏ mehr als 15 km

Sie sind ...

❏ weiblich   ❏ männlich

Verraten Sie uns Ihr Alter?

❏ unter 18   ❏ 26–35   ❏ 46–60

❏ 18–25   ❏ 36–45   ❏ über 60

Hier ist Platz für weitere Kommentare, Kritik, Anregungen:

_____

_____

_____

_____

_____

_____

Sie möchten informiert werden über ...

❏ Seminare (z. B. Glaubenskurse)

❏ Gesprächs-Kleingruppen (Hauskreise)

❏ Möglichkeiten, im *GoSpecial*-Team mitzuarbeiten

**Wenn Sie Informationen erhalten möchten,
dann geben Sie bitte Ihre Adresse an:**

Name: _____

Straße: _____

Ort: _____

Tel.-Nr.: _____

Thema »Auferstehung« haben wir »Hello again« gespielt) – etwas mit dem Predigtthema zu tun hat. Die Bands versuchen dabei, stilistisch eine für möglichst viele erträgliche Mischung aus Pop und Rock zusammenzustellen. Natürlich sprechen wir damit auch nur eine gewisse Zielgruppe an, aber wir bemühen uns, so vielseitig zu sein, dass die Bandbreite einigermaßen groß ist. Für *Heavy Metal* oder *Techno* (360 bpm) sind allerdings bisher weder wir noch die Besucher reif.

6. Jetzt kommen zwei leger gekleidete **Moderatoren** nach vorne, die Sie freundlich begrüßen und Ihnen klar machen, worauf Sie sich bei diesem Besuch eingelassen haben. Und die auch einige Gags vorbereitet haben, um Ihnen die Bedeutung des heutigen Titelthemas nahe zu bringen. Es sind bei uns übrigens prinzipiell zwei Personen, weil die sich hervorragend die Bälle zuspielen können. Außerdem können sie sich selbst mal auf den Arm nehmen – und heben damit insgesamt das kommunikative Element von *GoSpecial* hervor. Man merkt – hoffentlich – am Timing, an der Sicherheit und an der Lockerheit, dass die beiden ihre Sache sehr sorgfältig vorbereiten, denn für den ersten Eindruck gibt es bei einer Veranstaltung wie *GoSpecial* nun mal keine zweite Chance. Die Moderation muss Tempo haben und sie lebt von der Natürlichkeit der Personen. Neue Gäste spüren sofort, ob sie hier mit einer aufgesetzten Fröhlichkeit konfrontiert werden. Oder ob die Moderatoren wirklich selbst Freude an dem haben, was sie da tun. Das bedeutet auch, dass das Team sich gut überlegen sollte, wer sich mit dem Thema am besten identifizieren kann. Die Witze – wenn Sie schon welche machen, wozu wir Sie auf jeden Fall ermutigen – müssen wirklich gut sein! Wenn Sie Ihre Veranstaltung mit drei misslungenen »Gags« beginnen, können Sie einpacken. Nichts ist schlechter als »gut gemeint«. Konkret bedeutet das bei uns: Alle bemühen sich, den Moderatoren gute Ideen, Einfälle oder Gedankensplitter aus ihren Arbeitsgruppen zukommen zu las-

sen. Dann setzt sich einer hin und macht einen Entwurf. Der zweite Moderator zerreißt ihn liebevoll, wenn er nicht wirklich vor Lachen oder vor Rührung im Sessel versinkt, und dann gehen die Korrekturen so lange hin und her, bis alle mit den Texten zufrieden sind (es ist keine Schande, möglichst viele zu fragen). Wie das Theaterteam nehmen sich die Akteure dann Zeit, studieren die Sachen ein (meist unter Zuhilfenahme kleiner Moderationskärtchen), überlegen sich gemeinsame Gesten und probieren die Bühnenpositionen und die Tempi.

Das mag übertrieben klingen, aber wir haben immer wieder erlebt, dass eine bemühte, halb improvisierte Moderation zu Beginn eine Veranstaltung kaputt machen kann. Für Interessierte gab es deshalb auch schon mehrere Schulungen in der Gemeinde, in denen Aussprache, Körpergefühl, Kommunikation, Wortwahl, Präsentation und Interviewtechniken bewusst geprobt wurden. Solche Seminare bieten unter anderem die *Christliche Medienakademie* oder ähnliche Institutionen an, aber auch ein ausgebildeter Schauspieler kann die notwendigen Techniken vermitteln.

Wenn Sie schon einmal bei *GoSpecial* waren, werden Sie feststellen, dass Sie normalerweise mindestens einen der beiden da vorne wiedererkennen, weil er schon bei einem der letzten *GoSpecial*s moderiert hat. Für viele Besucher ist es nämlich wichtig, dass sie wissen, wen sie vor sich haben. Zur Sicherheit und um die Anonymität aufzubrechen, stellen sich die Moderatoren aber auch jedes Mal konkret vor, mit Namen und Aufgabe bzw. Position in der Gemeinde. Dabei hat es sich sehr bewährt, wenn die beiden Personen sich gegenseitig vorstellen. Das gibt ihnen auch die Möglichkeit, mit einer kleinen charmanten Stichelei zu zeigen, dass es hier weder trocken noch todernst zugeht und dass die Personen nicht von oben herab reden. (»Das neben mir ist Klaus Douglass. Von ihm sagt man: ›Er ist ein Mann wie ein Baum! Sie nannten ihn Bonsai.‹«)

Die Moderatoren leiten das Thema ein, sagen kurz und knapp, warum sie und das Team es interessant finden, erklären in zwei Sätzen die Idee von *GoSpecial*, stellen den Prediger vor und künden manchmal schon besondere »Leckerbissen« an (eine Verlosung, einen Spezialgast oder anderes).

7. Nachdem die Band noch ein Einstimmungslied gespielt hat, kommt der **Kreativteil**. Mit Theater, Kabarett, Pantomime, einer Diashow oder ähnlichen Elementen (*Willow Creek* macht sehr gute Erfahrungen mit Videoclips und gefilmten Straßenumfragen) führt unser Kreativteam in das Thema ein. Meistens gibt es auch hier etwas zu lachen, vor allem aber werden Sie entdecken, dass Ihnen nicht einfach etwas vorgespielt wird, sondern dass Sie selbst in dem Stück vorkommen und dass sie hier auch über ihre eigenen Schwächen und Stärken lachen oder weinen. Die Schauspieler und Stückeschreiber haben als oberstes Ziel gesetzt, Situationen zu finden, in denen der Alltagsbezug eines Themas deutlich wird.

So verlockend es manchmal sein kann, eine groteske Komödie einzustudieren oder mit Slapstick-Elementen für Heiterkeit zu sorgen: Solche Darbietungen erreichen nur selten den Zuschauer. Nur wenn Lebensbezüge thematisiert werden, die jeder so oder in ähnlicher Form kennt, berühren sie auch. (Lieber einen Ehekrach zeigen als einen balzenden Minnesänger, lieber den Tod eines Großvaters als einen Kriegsschauplatz thematisieren, lieber die Erfahrung verdeutlichen, ein Examen bestanden zu haben als ein nicht nachvollziehbares Freudenfest nach der Eroberung Kastiliens).

Deshalb versucht das Team auch nicht, vorschnell Antworten zu geben, sondern erst einmal die richtigen Fragen zu entwickeln. Theaterstücke, die selber predigen, haben einen unangenehmen, für viele abstoßenden Beigeschmack. Schauspieler aber, in deren Spiel ich meine Ängste und Hoffnungen wiederentdecke, ziehen mich in das Stück hinein. Unsere Erfahrung ist dabei nicht nur, dass der Kreativteil in den meisten Fällen gute oder sehr gute Noten erhält, weil er Menschen anspricht, er holt die Besucher vor allem in ihrer Welt ab. Es wird nicht über etwas gesprochen, es wird etwas erlebt. Außerdem spricht der Kreativteil in der Regel alle Sinne an und appelliert dadurch nicht nur an den Verstand, sondern auch an das Gefühl und die Seele. Ziel des Ganzen ist es, die Besucher von *GoSpecial* für die Inhalte der Predigt zu sensibilisieren und zu öffnen.

Häufig wird der Tenor des Stückes mit einem ruhigen Lied noch einmal auf den Punkt gebracht. Dadurch kann sich das Gesehene setzen und nachwirken, und man hat einen Augenblick Zeit, den eigenen Standpunkt anzudenken. Meistens lesen wir während eines Instrumentalteiles dann auch einen zum Thema passenden Bibeltext. Das macht nicht nur deutlich, wie konkret und aktuell die Bibel sein und wie genau sie Situationen aus unserem Alltag kommentieren kann, es verdeutlicht auch noch einmal, dass wir uns hier wirklich in einem Gottesdienst befinden – einem, in dem sogar das klassische Element der Lesung in moderner Form vorkommt.

Wenn der Kreativteil gut war, dann sind die Gäste jetzt richtig gespannt, was denn nun der Prediger dazu zu sagen hat (Eine grundlegende Einführung in die Funktion, die Methoden und den Aufbau einer künstlerischen Arbeit gibt Fabian Vogt in seinem Buch »So ein Theater«, vgl. Literaturhinweise S. 152.).

8. Vielleicht sind Sie jetzt ein bisschen verwundert, dass nach dieser stimmungsvollen Einführung die **Kinder** an der Reihe sind. Das hat mehrere Gründe: Erstens bestanden die Kinder von Anfang an darauf, den Kreativteil mitzubekommen, zweitens sollen sie ihren eigenen Part im Gottesdienst haben (sie werden nicht einfach weggeschickt), und drittens gehen sie anschließend in kleine Gruppen, die ein eigenes, für sie viel faszinierenderes Konzept haben.

Als wir über die Zielgruppen unseres Gottesdienstes nachgedacht haben, wurde uns klar, dass wir sie nur erreichen können, wenn wir uns auch etwas für die Kinder einfallen lassen. Inzwischen erleben wir sogar eine Umkehr dieses Anliegens. Viele Kleine sind so begeistert von dem exzellenten Kinderprogramm, dass sie ihre Eltern schon Wochen vorher nerven, damit diese auf jeden Fall mit ihnen zu *GoSpecial* gehen. Momentan gibt es für Kinder bis fünf Jahre einige freiwillige Helfer, die mit ihnen spielen, für die älteren ab sechs Jahren aber ein eigenes Programm, in dem sie sich kindgerecht mit dem Thema auseinander setzen – soweit dies möglich ist. Wir machen aber sehr gute Erfahrungen damit, sogar wenn wir den Kindern schwierige Themen wie Auferstehung oder Tod zutrauen.

9. Jetzt lädt Sie einer der Moderatoren zu einem **Lobpreisteil** ein. »Nanu«, werden Sie sagen, »was hat denn so etwas in einem Gottesdienst für Kirchendistanzierte zu suchen?« In unserem Mitarbeiterteam wird diese Frage seit langem heftig diskutiert, ohne dass wir zu einem eindeutigen und einstimmigen Ergebnis gekommen wären. In *Willow Creek* ist man in dieser Hinsicht sehr deutlich. Lobpreis ist auf Gott ausgerichtet, deshalb gehört er seinem Wesen nach nicht in einen Sucher-orientierten Gottesdienst. Einige Leute von *GoSpecial* sehen das anders. Ich stelle Ihnen kurz die wichtigsten Argumente für und gegen den Lobpreis vor.

Dagegen spricht: Die Besucher sind keine Christen, sie verstehen oft nicht einmal, worum es in den Liedern geht, die Sprache ist ihnen fremd, sie haben (noch) kein Bedürfnis, Gott zu preisen, Singen ist für viele ohnehin etwas Unangenehmes und es wirkt sehr vereinnahmend, zum gemeinsamen Lobpreis aufzufordern.

Dafür spricht: Gerade Musik zur Ehre Gottes kann oft besser zu den Herzen der Menschen sprechen, als es ein auf den Kopf zielender Gottesdienst vermag; am überzeugendsten sind Christen, die selbst überzeugt sind und denen man ihre Liebe zu Gott im Lobpreis abspürt.

In *GoSpecial* haben wir uns für eine Gratwanderung entschieden: Wir gestalten einen Sucher-sensiblen Lobpreis.

Wir fordern nicht zum Mitsingen auf, laden aber dazu ein. Und wir machen unmissverständlich klar, dass man auch einfach zuhören und es sich gut gehen lassen kann. Und zwar jede und jeder auf seine Weise. Anfangs haben wir den Zuschauern sogar noch speziell Mut gemacht, je nachdem, wie sie sich fühlen, zu stehen, zu sitzen oder die Hände in den Hosentaschen zu vergraben. Hauptsache war: Keiner wird schräg angeguckt. Inzwischen haben wir gelernt, dass wir uns da möglicherweise zu große Sorgen gemacht haben. Die Ergebnisse einer eigenen Umfrage zu den musikalischen Wünschen und Ärgernissen waren eindeutig: Die Leute bleiben lieber sitzen, stören sich aber auch nicht an stehenden Personen. Und sie wollen auf jeden Fall einen Lobpreisteil haben – wenn auch aus den unterschiedlichsten Motiven (Zuhören, Mitsingen, Pause usw.).

Es zeigt sich dabei, dass in der Regel gerade Kirchendistanzierte relativ feste Vorstellungen davon haben, welche Elemente in einen Gottesdienst gehören. Sie freuen sich zwar, wenn vieles anders ist, wollen aber doch spüren, dass sie hier nicht nur in einer Show sind, sondern in einem Gottesdienst. (Besonders in Deutschland legen die Menschen großen Wert auf wiedererkennbare Muster.) Gesang gehört deshalb für sie dazu. Der gemeinsame Gesang ist darüber hinaus für viele ein Erlebnis, in dem sie Gemeinschaft spüren. Ganz gleich, ob sie nun mitsingen oder einfach genießen: Musik entspannt und bereitet die Besucher auf die Predigt vor. Und so geht es jetzt auch weiter: Der bereits am Anfang kurz vorgestellte Prediger kommt während der letzten Töne der Musik nach vorne.

10. Gerade Kirchendistanzierte empfinden die **Predigt** meist als den Kern von *GoSpecial*. Sie dauert bei uns rund 20 Minuten, weil moderne Menschen es kaum noch gewöhnt sind, länger konzentriert zuzuhören. Die Redner gehen dabei nicht von einem Bibeltext aus, sondern behandeln ein Thema, das die Besucher existenziell angeht. So wie es Jesus getan hat, als er in seinen Gleichnissen die Lebenswelt

seiner Zuhörer ernst nahm und an ihr zeigte, was Gott mit den Menschen vorhat. Freilich münden unsere Predigten oft in einer Geschichte oder einem kurzen Text aus der Bibel. Viele unserer Besucher sind überrascht, wenn sie merken, dass es kaum eine aktuelle Frage gibt, auf die die Bibel keine hilfreiche Antwort, und keinen Lebensbereich, für den sie nicht eine klare Weisung hätte. Besonderes Gewicht legen wir auf eine Sprache, die nicht mit theologischen Fremdworten oder frommen Vokabeln arbeitet, und auf eine Präsentation, die den Hang zum Kanzelton gar nicht erst aufkommen lässt (am Bistrotisch, möglichst frei gesprochen, mit Hilfe von Requisiten oder Ähnlichem).

Fast immer versuchen die Prediger, den Zuhörern »etwas mit nach Hause zu geben«, das heißt, konkrete Anregungen zu vermitteln, wie das Gehörte im Alltag umgesetzt und gelebt werden kann. Natürlich sprechen sie dabei auch davon, wie entscheidend es ist, sich Glauben persönlich anzueignen und Gott wirklich kennen zu lernen, aber es gab bisher niemals Aufrufe oder Ähnliches. Schließlich wollen wir keine vorschnellen Entscheidungen. Die Gäste sollen sich ein genaues Bild machen können, den Glauben kennen lernen und seine alles bestimmende Bedeutung für die Menschen in Ruhe entdecken. Zum Glauben kommen ist manchmal ein langer Prozess. Dafür möchten wir unseren Gästen gerne Zeit geben.

Um es Neueinsteigern ein bisschen zu erleichtern, haben wir hier eine kleine Liste unserer »erfolgreichsten« Themen zusammengefasst. Das Wort »erfolgreich« ist deshalb in Anführungsstrichen gesetzt, weil wir immer fragen müssen, für wen es denn erfolgreich sein soll. Die einen Themen lassen sich wunderschön dekorieren, die reißerischen interessieren die Medien am meisten, die glaubensnahen begeistern Christen ungemein und wieder andere wurden von den Gästen am besten aufgenommen.

☞ **Neue Männer braucht das Land.** Von Machos und Mamasöhnchen.

- ☞ **Tomaten mit Füßen!** Wie weit darf man gen?
- ☞ **Was würde Jesus zu Harald Schmidt sagen?** Ich werde kommen wie der Moderator in der Nacht.
- ☞ **Kein Sex in der Ehe.** Von Moralaposteln und Spielverderbern.
- ☞ **Was würde Jesus zum Dalai Lama sagen?** Komm, wir machen eine Buddhafahrt!
- ☞ **Beam me up, Gottie.** Der erste Science-Fiction-Gottesdienst des Alls.
- ☞ **Zombie, scheintot oder wiederbelebt.** Was mit dem toten Jesus wirklich geschah.
- ☞ **Himmel und Hölle.** Ein Besuch im Fegefoyer.
- ☞ **Einmal ist keinmal.** Wenn etwas zur Sucht wird.

Natürlich sollen die Themen Aufmerksamkeit erregen. Die Relevanz steht aber immer im Vordergrund.

11. Nach der Predigt gibt es wieder **Musik** von der Band. Zum Zuhören. Bewusst ruhiger und meist instrumental, damit nicht ein inhaltsreicher Liedtext von den Gedanken der Predigt ablenkt. Die Ausssagen der Predigt sollen wirken können, die Menschen haben einen Moment Zeit, ohne dass etwas Neues kommt, das Gehörte zu ihrem eigenen Leben in Bezug zu setzen und ihre Eindrücke zu ordnen.

Meist besteht dieser Teil aus zwei bis drei Liedern, denn jetzt beginnt einer der interaktivsten Teile jeden *Go-Special*s. Auf Ihrem Sitz finden Sie einen Stift und zwei Zettel. Der eine Zettel ist dazu da, um Rückfragen an, Argumente gegen oder Kritik am Prediger loszuwerden. Etwas ganz Besonderes: denn wo hat man sonst die Möglichkeit, nachzuhaken, seine Kritik oder Nachfragen loszuwerden und dem Redner wirklich auf den Zahn zu fühlen! Dadurch wird das übliche Verhältnis von Prediger und Zuhörer aufgehoben, und die Menschen merken, dass sie ein Recht, aber immer auch ein bisschen die Verantwortung haben, mit dem Gesagten bewusst umzugehen und es auf sich zu beziehen.

Auf dem anderen Zettel kann jeder Gottesdienstbesucher seine persönlichen Gebetsanliegen aufschreiben. Das Verfahren wird von einem der Moderatoren, während die Musik schon läuft, noch einmal kurz erläutert. Nach etwa vier Minuten, die erfahrungsgemäß ausreichen, um eine Frage und eine Bitte zu formulieren, gehen kleine Holzkästchen mit je zwei Fächern durch die Reihen, mit denen die Zettel sortiert eingesammelt werden. Normalerweise bitten wir die Band, zuerst ein etwa vier- bis fünfminütiges Stück zu spielen, während dessen die Zuschauer schreiben, und dann ein etwa drei- bis vierminütiges, um die Anliegen auch einsammeln zu können.

12. Während des zweiten Liedes bereitet einer der Moderatoren dann auch schon das **Kreuzverhör** vor. Aus den Fragezetteln werden zwischen 10 und 15 ausgewählt, die möglichst neue und interessante Aspekte des Themas betreffen oder zur Klärung von Thesen aus der Predigt beitragen. Oft wiederholen sich Fragen, die man zu einer bündeln kann. Und dann muss der Prediger Rede und Antwort stehen – ohne Netz und doppelten Boden. Dieser Teil ist bei uns mit der beliebteste. Der Clou ist nämlich, dass der Redner für jede Frage genau eine Minute Zeit hat, damit er möglichst auf den Punkt kommt und keinen weitschweifenden Sermon von sich geben kann. Hat er das Ende der Zeit erreicht, schneidet ihm ein Gong das Wort ab.

Der Vorteil davon, dass wir schriftliche Fragen einsammeln, ist zum einen der, dass der Fragende sich nicht selbst in Szene setzen kann, zum anderen trauen sich auch die, etwas zu fragen, die das öffentlich nicht tun würden. Außerdem werden bisweilen durchaus heikle (»Meine Ehe ist die Hölle. Darf ich mich scheiden lassen?«) und manchmal sehr verblüffende Fragen (»Hätte Jesus auf der Hochzeit zu Kana auch eine Haschpfeife herumgereicht?«) gestellt, die den Prediger ganz schön ins Schwitzen bringen können. Ich denke, dass das Kreuzverhör deshalb so erfolgreich ist, weil es einerseits den Redner zwingt, ganz persönlich und ohne Konzept schwierige Anfragen verständlich zu beantworten, und weil es zeigt, dass eine Predigt keine Einbahnstraße ist, sondern erst da ihre Aufgabe erfüllt, wo sie zum Dialog wird und eine Reaktion des Zuhörers bewirkt.

13. Immer öfter kommt nach diesem schnellen Frage- und Antwortspiel noch ein persönliches **Statement** eines Christen oder ein Interview. Das hängt davon ab, ob wir jemanden finden, der zum Thema etwas Persönliches zu sagen hat. Die Besucher waren von dem Bericht eines Christen, der bereits klinisch tot war, nicht weniger angerührt als von den Erzählungen einer Prostituierten, die offen erzählte, mit welchen Wünschen und Sehnsüchten Männer zu ihr kommen. Für uns ist es wichtig, dass die Zuschauer bei *GoSpecial* merken, dass es keine Ghettogrenze zwischen der Kirche und dem Rest der Welt gibt. Nur wenn wir als Christen in der Welt die Bedeutung des Glaubens aufzeigen können, werden wir Menschen berühren.

Gerade bei den Interviews hat es sich sogar ergeben, dass wir Talkpartner hatten, die offen zugaben, seit zwanzig Jahren nicht mehr in der Kirche gewesen zu sein – und die gleichzeitig eingestehen mussten, dass sie sich bei *GoSpecial* sehr wohl fühlen. Auch die Besuche mehrerer Lokalpolitiker, die von ihren Zielen für die Stadt gesprochen haben, sorgten immer wieder dafür, dass die Kirche als Teil des Lebens bewusster wahrgenommen wurde. Bei einem *GoSpecial* über »Die Sehnsucht nach dem Hauptgewinn« hatten wir zum Beispiel den Chef-Croupier eines großen hessischen Spielcasinos zu Gast, der sehr davon überzeugt war, dass die Spieler beim Versuch, die Bank zu sprengen, tatsächlich so etwas wie spirituelle Erlebnisse haben. Es werden zwar vorher mit den Interview-Partnern Gespräche geführt, wir legen aber großen Wert darauf, keine frommen »Ja-Sager« zu bekommen. Das heißt, dass sie auch einmal etwas Unbequemes oder Kritisches sagen können. Wir haben mit diesem Ansatz bisher ohne Ausnahme Gespräche geführt, die auf Grund ihres privaten Charakters sehr zum

Nachdenken angeregt haben. Es lohnt sich daher immer, nach interessanten und möglicherweise prominenten Talkgästen Ausschau zu halten.

Nach dem nächsten Lied treten zwei Personen auf, die während des Kreuzverhörs aus den Zetteln mit den Gebetsanliegen eine **Fürbitte** zusammengestellt haben. Normalerweise können auch sie immer nur eine Auswahl berücksichtigen, sie erwähnen aber gleich zu Beginn, dass die nicht öffentlich verlesenen Gebete in unserem Gebetskreis vor Gott gebracht werden. Manchmal entstehen während dieser Fürbittezeit die intensivsten Momente des Gottesdienstes. Die Zuschauer merken, dass es jetzt wirklich ans »Eingemachte« geht, wenn jemand für sein krebskrankes Kind, seine zermürbende Angst vor der Einsamkeit oder um eine lang ersehnte Arbeitsstelle bittet. Uns erstaunt immer wieder, wie persönlich und intim diese Bitten oft sind. Offensichtlich trauen die Menschen dem Gebet nicht nur viel zu, sie haben auch ein tiefes inneres Bedürfnis, ihre Ängste und Sorgen einmal aussprechen und vor Gott bringen zu können. Noch sind wir beim weiteren Umgang mit solchen Anliegen sehr zurückhaltend, aber da wir immer häufiger erfahren, dass Gebete aus *GoSpecial* von Gott erhört werden, überlegen wir zur Zeit, ob und auf welche Weise wir das nicht auch einmal erwähnen sollten.

Die Fürbitte schließt mit einem »Vaterunser«. Ähnlich wie der Lobpreis war das Vaterunser in unserem Team durchaus umstritten, und doch scheint es so, als ob dieses Gebet gerade auch für Nichtchristen unabdingbar zu einem Gottesdienst dazugehört. Als fehle dem Ganzen die Krönung, wenn man es nicht spräche. Das heißt: Selbst jemand, der den Inhalt der Worte noch nicht mitbeten kann, merkt, dass er hier dem Zentrum des Glaubens ganz nah ist. Darum ist dies auch der einzige Moment des Gottesdienstes, in dem wir die Besucher offiziell bitten, aufzustehen.

15. Das Team musste einige Zeit experimentieren, bis es eine gelungene Form des **Segens** gefunden hatte. Manchen

erschien der zugesprochene Segen mit erhobenen Händen für Kirchenferne zu sakral, andere vermissten ihn. Inzwischen haben wir eine ganz einfache Lösung gefunden. Wir singen ein Segenslied, eine selbstvertonte Version des aaronitischen Segens, die inzwischen ein bisschen zur *GoSpecial*-Hymne geworden ist. Wenn sie das selbst harmonisch und passend finden, dann stellen sich auch noch die Fürbitter und der Prediger zur Musikgruppe, um zu zeigen, dass dieses Lied nicht nur Musik, sondern ein Zuspruch der Liebe Gottes ist (Die besten der in *GoSpecial* entstandenen Lieder, die sich alle als Mitsinghits für Kirchendistanzierte bewährt haben, finden Sie auf der CD: »Nimm den Himmel mit«, Projektion J Music House 1999).

16. Zum Abschied gibt es noch einmal eine **Schlussmoderation.** Aus praktischen Gründen werden die Mitteilungen dabei immer nach dem gleichen Schema vorgetragen. Erst kommt die Gegenwart, das heißt, alles, was man heute noch machen kann: etwas trinken oder essen, Segnungs- oder Seelsorgeangebote nutzen, sein Geld loswerden, den Büchertisch besuchen, die aktuelle Predigt auf Kassette mitnehmen oder sich bei den Einladungszetteln für den nächsten *GoSpecial* bedienen. Und damit sind wir auch schon bei der Zukunft: Worum geht's beim nächsten Gottesdienst, wann ist er und warum lohnt es sich zu kommen. Welche anderen für die Zielgruppe interessanten Angebote gibt es in der Gemeinde? (Glaubenskurse, *GoOn* usw. Näheres steht im Kapitel 5 über die weiterführenden Angebote.) Und natürlich schließt das Ganze mit einem freundlichen »Kommen Sie gut nach Hause!«

17. Noch ein kurzes Wort zur **Kollekte**: *GoSpecial* ist nicht billig und muss sich selbst finanzieren. Deshalb sind wir auf die Unterstützung unserer Besucher angewiesen. Allerdings halten wir uns strikt daran, wie *Willow Creek* mit diesem Punkt umgeht und betonen jedes Mal, dass all diejenigen, die zum ersten Mal zu Besuch sind, bitte nichts geben

sollen. Sie sind unsere Gäste. Nur die, die öfter *GoSpecial* besuchen und diese Arbeit gezielt unterstützen wollen, bitten wir, den Gottesdienst auch finanziell mitzutragen. Bisher hat das gespendete Geld immer gereicht. Darum geben wir, wenn wir eine wohltätige Aktion finden, die zu unserem Tagesthema passt, auch von Zeit zu Zeit die Hälfte der Kollekte ab.

18. Zum Ausklang spielt die Band immer noch einen originellen **Schluss-Song,** der als Sahnehäubchen das Thema abrundet – oder ihm liebevoll den Rest gibt. Manchmal parodieren die Sängerinnen und Sänger bekannte Künstler oder spielen musikalische Variationen aktueller Hits (Grönemeyer-Parodie, Tote Hosen, klassische Arie oder Ähnliches). Fast immer hebt sich das Team für den Schluss einen Knüller auf. Das letzte Lied soll Spaß machen, darf auch mal etwas lauter sein und sorgt für einen runden Abschluss des Ganzen. (Sollten Sie jetzt noch mehr wissen oder gar etwas sehen wollen, dann finden Sie auf der letzten Seite alle Informationen, um eine ausführliche Infomappe oder ein Video bestellen zu können.) Wenn Sie dann am Ausgang Ihren Fragebogen abgegeben haben, sollte es Sie eigentlich in den Fingern jucken, gleich den nächsten *GoSpecial*-Termin in Ihrem Kalender zu vermerken. Schön, dass Sie da waren.

Kapitel 4

Das Chaos meistern

Wie organisiert man einen
wild wachsenden Gottesdienst?

Ein Traum von Kirche

Wie es überhaupt möglich ist, so ein abenteuerli-
ches Konzept zu realisieren, erfahren Sie in diesem Kapitel. Je mehr Arbeit zu erledigen ist,
desto wichtiger werden nämlich klare Strukturen, sauber
definierte Arbeitsbereiche, durchsichtige Aufgabenbeschrei-
bungen, hochwertige Fortbildungsangebote und funktionierende Kommunikationswege. Und Sie lesen, warum eine
gute Organisation so manche Angst bereits im Vorfeld in
den Griff bekommt.

Das Bürgerzentrum war zum Bersten voll. Das erwartungsvolle Gemurmel verstummte, als der Schlagzeuger den Takt für das erste Lied anschlug. Jeder einzelne Stuhl war besetzt, dazu reihten sich knapp hundert Menschen an den Wänden, da sie keinen Sitzplatz mehr gefunden hatten. Die satten Klänge einer E-Gitarre erfüllten den Raum, und ich wischte mir den Schweiß von der Stirn: *Geschafft!* Der erste *GoSpecial*-Geburtstag konnte beginnen.

»Wir erwarten 400 Besucher zum Jubiläums-Gottesdienst« hatte Klaus angekündigt und die Presse hatte es begierig aufgegriffen. Bei bis dahin durchschnittlich 250–280 Besuchern war das eine ziemlich vollmundige Prognose. Wohlweislich waren wir zu diesem Ereignis aus unserem höchstens 300 Besucher fassenden Kirchenraum in das benachbarte Bürgerzentrum ausgewichen, das rund 360 Leute fasst. Letztendlich kamen dann 460. Wir wussten nicht, was das größere Problem für uns darstellte: dass diese Leute alle wiederkämen oder dass sie möglicherweise *nicht* wiederkämen. Wir hatten es schon seit einigen Monaten geahnt, aber spätestens an diesem Abend wurde auch dem letzten Skeptiker klar, dass wir etwas unternehmen mussten. Ein zweiter Gottesdienst musste her, wenn wir nicht generell in das Bürgerzentrum wechseln wollten. Das aber war für die fraglichen Sonntage in der nächsten Zeit erst einmal ausgebucht.

Mir als frisch gebackenem Leiter von *GoSpecial* stellte sich ein nicht unerhebliches Problem: Wie gewinnt man ein bis zu seinen Grenzen ausgelastetes Team von 30 Mitarbeitern dafür, »gerade mal eben« die doppelte Arbeit zu leisten? Obwohl im gesamten Team die Einsicht vorherrschte, dass etwas geschehen musste, war die Angst vor Veränderung und vor der vielen zusätzlichen Arbeit so groß, dass die Mehrheit der Mitarbeiter am liebsten alles beim Alten belassen wollte. »Kann man denn nicht den Christen verbieten, zu *GoSpecial* zu kommen?« war noch einer der kreativeren Alternativvorschläge, die genannt wurden, um den anstehenden Veränderungen zu entkommen. Nach ziemlich kontroversen Diskussionen stimmte das Team zu, wenigstens für eine Probephase von vier Monaten einen zweiten Gottesdienst anzubieten, wenn, ja, wenn ich zwei Aufgaben vorher lösen würde:

1. »Organisiere uns diesen Chaoshaufen.«
2. »Finde genügend Mitarbeiter für die zusätzlich anfallenden Aufgaben.«

Für die Lösung dieser beiden Aufgaben hatte ich rund drei Monate Zeit. Im April wollten wir mit einem zweiten *Go-Special* starten. Ich nahm die Herausforderung an und machte mich an die Arbeit. Wie aber findet man innerhalb von drei Monaten etwa 20 neue Mitarbeiter in einer Gemeinde, die, was die Auslastung ihre Mitarbeiter anbetrifft, ohnehin hart am Limit fährt? Aus der Not wurde eine Tugend: Wir fragten einfach unsere *GoSpecial*-Besucher, ob sie nicht Interesse hätten, mitzuarbeiten. Auf unseren Auswertungsbögen gaben wir ihnen die Möglichkeit, diese Option anzukreuzen (vgl. Seite 65). Alle Interessenten lud ich dann zu unserem Teamtreffen ein, das so zwar zeitweise aus allen Nähten platzte (machen Sie mal eine straffe Organisationsbesprechung mit 30 bis 40 Teilnehmern, die sich kaum kennen), aber den Neuen die Möglichkeit gab, sich sofort aktiv zu beteiligen, eine Aufgabe, die ihnen lag, zu übernehmen. Außerdem konnten sie sich sofort als Teil unseres Teams fühlen. Innerhalb eines halben Jahres gewannen wir dadurch mehr Mitarbeiter als je zuvor, und innerhalb eines Jahres verdoppelte sich die Anzahl unserer Mitarbeiter auf knapp 70.

Natürlich hatten wir bis zum Start des zweiten Gottesdienstes noch nicht alle benötigten Mitarbeiter gefunden. Doch die Anzahl wuchs stetig, so dass wir uns als Team einen Ruck gaben und im April 1997 nach dem 17.30-Uhr-Gottesdienst (dem *Gottesdienst für Ausgeschlafene*) einen zusätzlichen Durchgang um 20.15 Uhr anboten (den *Gottesdienst für Nachtschwärmer*, der 1998 dann auf 20.30

verlegt wurde). Die überwiegende Mehrheit des Teams hatte immer noch große Ängste wegen der damit verbundenen Mehrarbeit, daher befristeten wir dieses Experiment zunächst auf vier Monate. Doch mir scheint heute, dass das, was uns damals fast wie ein unverantwortliches Wagnis vorkam, eine der bevorzugten Wirkungsweisen Gottes ist. *Gott fordert uns gerne heraus, einen oder auch zwei Schritte über das hinaus zu gehen, was wir selbst aus eigener Kraft heraus tun können.* Auf diese Art und Weise wird nicht nur unser Glaube ständig gefordert und gefördert, sondern wir vergessen nicht so schnell, wessen Werk es eigentlich ist, das wir hier tun. Jeder gelungene *GoSpecial* wird dadurch so etwas wie ein kleines Wunder. Und wenn ich es mir recht überlege: Die *GoSpecial*s, die wir »in den Sand gesetzt« haben (und davon gab es nicht wenige), waren in aller Regel jene, in denen wir anfingen, in unguter Weise routiniert zu werden und wo wir meinten, die Sache aus eigener Kraft in den Griff bekommen zu haben.

Darum: Haben Sie Mut, einen neuen Schritt zu gehen (oder überhaupt erst einmal mit einem Gottesdienst für Kirchendistanzierte anzufangen), auch wenn Sie noch nicht alle nötigen Mitarbeiter zusammen haben! Wenn wir immer warten wollen, bis wir alle Mitarbeiter für einen neuen Aufgabenbereich an Bord haben, bevor wir beginnen, werden wir es nie tun. Erst dadurch, dass wir anfangen, entsteht das für jede Veränderung notwendige Vakuum, das neue Leute anzieht: die »Zuvieltuer« kommen unter schweren Stress, der sie erkennen lässt, dass sie es nicht mehr alleine packen und Aufgaben abgeben müssen; und die Zuschauer sehen, dass es offensichtlich noch Lücken gibt und dass sie gebraucht werden. Anders ausgedrückt: Ohne dass wir einen Glaubensschritt gehen, geben wir Gott nicht die Chance, uns zu zeigen, wie er sich »Zusammenarbeit« mit uns vorstellt. Dieser Punkt ist mir so wichtig geworden, dass ich folgenden Kreislauf (ich nenne ihn das »Vakuum-Prinzip«) als den Normalfall für jede Gemeinde bezeichnen möchte:

a) Entwicklung einer Vision,
b) Sammeln der wichtigsten Mitarbeiter,
c) frühzeitiger, mutiger Beginn,
d) Stress (dadurch entsteht das notwendige Vakuum, das Gott füllen kann),
e) die leeren Posten füllen sich (meistens mit Mitarbeitern, die wir nie im Blick hatten),
f) langsame Entspannung,
g) Entwicklung einer weiter gehenden Vision.

Sie werden Stress nie vermeiden; wichtig sind die richtige Dosierung und Weisheit bei der Bestimmung der Geschwindigkeit. Es gilt, eine gute Balance zu finden zwischen den »Visionären« in Ihrem Team, die gerne nach den Sternen greifen (und denen alles immer viel zu langsam geht), und jenen Mitarbeitern, die mit beiden Beinen auf dem Boden stehen und denen es immer dann »zu schnell« geht, wenn die Dinge anfangen, unvertraut anders zu werden und sich ihrer Kontrolle entziehen. Wichtig ist, dass wir uns im Tempo unseres Vorgehens weder vom Lebensgefühl der einen noch der anderen bestimmen lassen, sondern von einer klaren Sicht dessen, was Gott im Moment von uns möchte.

Doch kommen wir zurück zu den beiden Aufgaben, die mir unser Mitarbeiterteam gestellt hatte. Das Mitarbeiterproblem hatten wir also halbwegs gelöst. Aber fast noch schwerer fiel es mir, die andere Aufgabe zu erfüllen: nämlich das Chaos zu meistern. Sie müssen wissen: Ich bin nicht gerade mit der Gabe der Organisation gesegnet. (Woher ich das weiß, dass ich diese Gabe nicht habe? Nun: Wenn das gesamte Team jedes Mal dann laut auflacht, wenn das Wort »organisieren« und mein Name im gleichen Satz fallen, dann ist das, glaube ich, ein ziemlich deutliches Indiz.) Das heißt: Ausgerechnet mich ein lebendiges, selbstständiges, wachsendes, eigensinniges Team organisieren zu lassen, heißt, den Bock zum Gärtner zu machen.

Was ich aber gut kann, ist, Leute zu finden, die etwas besser können als ich (davon gibt es erschreckend viele) und sie freizusetzen, dieses »Etwas« an meiner Stelle zu tun. Die einen nennen es »abschieben« (was für ein schreckliches Wort!), die anderen nennen es »delegieren« (klingt schon besser), ich nenne es »freisetzen« (die Amerikaner verwenden in diesem Zusammenhang das schöne Wort *empowering*, was mit »Bevollmächtigung« nur unzureichend übersetzt wird).

Also fragte ich einen unserer Mitarbeiter, der »im normalen Leben« für eine weltweit operierende Unternehmensberatung arbeitet und bei uns bislang für die Kleinkinder-Betreuung zuständig war, ob er nicht diese Aufgabe übernehmen wolle. Eine Woche später überreichte er mir das auf der nächsten Seite abgebildete Organigramm.

Was ich leider nicht tun kann, ist, auch nur einen Bruchteil der Menschen, der Energie und der Kreativität wiederzugeben, die sich hinter jedem Team verbergen. Und damit enthalte ich Ihnen das Wesentlichste vor von dem, was *GoSpecial* ausmacht. In einigen Beispielen versuche ich trotzdem, Ihnen wenigstens eine leise Ahnung von dem Idealismus der Leute zu geben. Darin können Sie ihre Hingabe und ihr Engagement erkennen …

- … wenn Mitarbeiter bei Temperaturen unter null Grad freitagmorgens ab sechs Uhr am S-Bahnhof stehen, um Pendlern mit einem fröhlichen »Guten Morgen« Einladungen zu *GoSpecial* in die verschlafenen Hände zu drücken.
- … wenn eine Schauspielerin am Dienstag noch auf dem OP-Tisch liegt, weil sie sich das Bein gebrochen hat, am Sonntag aber um alles in der Welt mit Gips und Krücken auf der Bühne stehen will – und auch steht.
- … wenn Mitarbeiterinnen Abende damit verbringen, Zettel zu falten, und ihre Ehemänner sie dabei mal mehr, mal weniger freudig unterstützen.
- … wenn ein Mitarbeiter stundenlang in ganz Deutschland herumtelefoniert, um für ein dreiminütiges Telefoninterview den Menschen ausfindig zu machen, der

Das GoSpecial Team

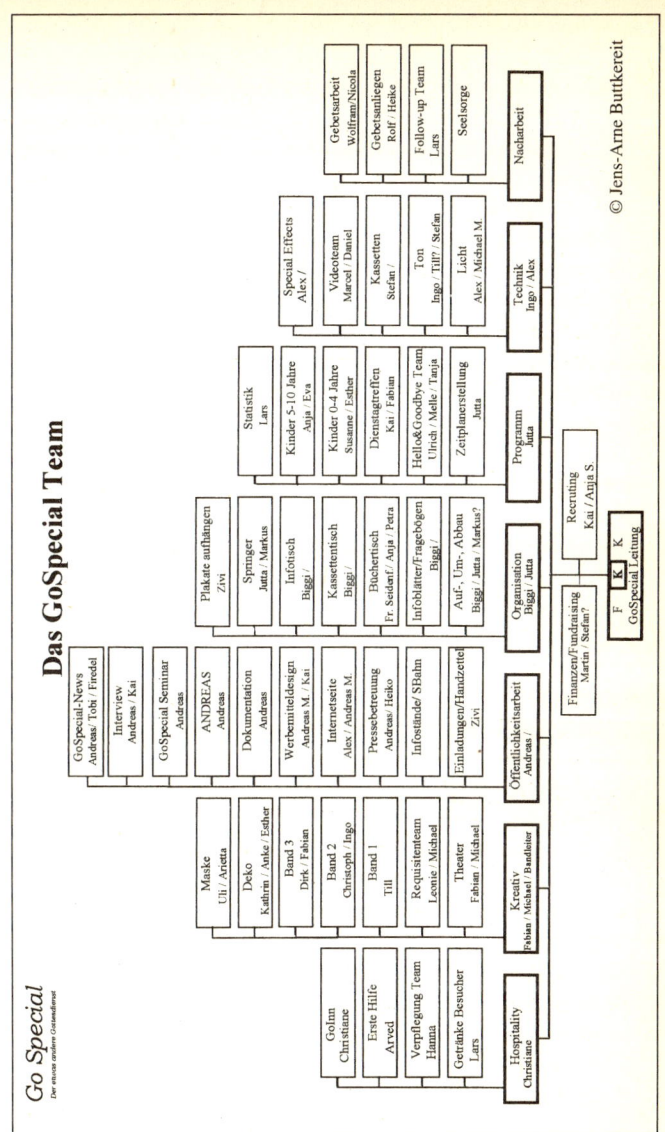

Go Special
Der etwas andere Gottesdienst

© Jens-Arne Buttkereit

85

sich hinter der Synchronstimme von Agent 007 verbirgt.

- … wenn ein kleiner Kreis abgespannter Aufräumarbeiter Sonntag nachts um 24 Uhr nach getaner Arbeit bei einer Flasche Bier in der Gemeindeküche den Abend Revue passieren lässt.
- … wenn Bands in einer Woche vier weitere Proben anberaumen, weil das gesamte Repertoire kurzfristig von Organisationstalenten wie mir umgeschmissen wurde.
- … wenn fünf Mitarbeiter ihren freien Samstag opfern, um im gesamten Rhein-Main-Gebiet herumzutelefonieren, weil die groß angekündigte »Cheerleader-Gruppe« kurzfristig abgesagt hat, man aber unbedingt noch innerhalb von 24 Stunden Ersatz finden möchte.

Ich könnte noch zahllose weitere Beispiele anfügen. Wenn Sie so etwas schon einmal miterlebt haben, dann wissen Sie, was ein solches Team wirklich ausmacht! Das abgebildete Organigramm ist lediglich das Gerüst, das versucht, dieses pulsierende Leben zusammenzuhalten. Bekommen Sie keinen Schock! Wir haben Ihnen an früherer Stelle gesagt, dass wir mit weit weniger Teams und mit rund 15 Mitarbeitern begannen. Im Moment haben wir knapp 100 Mitarbeiter in 30 Teams, die in 7 übergeordnete Bereiche eingeteilt sind. Diese Struktur hat sich bewährt. Wir haben nämlich ziemlich schnell festgestellt, dass bestimmte Aufgaben eng zusammengehören.

Bei uns heißen die Arbeitsgruppen: **Hospitality, Kreativ, Öffentlichkeitsarbeit, Organisation, Programm, Technik** und **Nacharbeit**. Jede Gruppe hat einen Verantwortlichen, der als Ansprechpartner in beide Richtungen fungiert (Leitungsteam ↔ Mitarbeiter). Wenn also der Prediger etwas über die Lieder des nächsten *GoSpecials* wissen möchte, muss er nur den Bereichsleiter fragen (der ihm aber auch über Theater, Special-Effects und anderes Auskunft geben könnte). Die den einzelnen Bereichen zugeordneten Teams haben ihrerseits wieder eine Ansprechperson.

Damit Sie sich unter diesem Organigramm ein wenig mehr vorstellen können, drucke ich Ihnen im folgenden den Inhalt der letzten Ausgabe unseres Blattes »**Wir brauchen Dich** – Offene Mitarbeiterstellen im *GoSpecial*-Team« ab, mit ein, zwei erläuternden Sätzen zu den dort aufgezählten Teams und Bereichen. Dieses Blatt erhält jeder, der an einer Mitarbeit in unserem Team interessiert ist. Es ist jeweils nur eine Auswahl, die Ihnen verdeutlichen soll, welche Aufgabenfelder es gibt.

Einige Beispiele:

Der Bereich **Hospitality**
… sorgt für das Wohlergehen der Besucher vor, im und nach dem *GoSpecial*; kümmert sich um das körperliche Wohl der Mitarbeiter(innen) zwischen den beiden Gottesdiensten und hinterlässt die Küche in einem erfreulichen Zustand.

Die **Öffentlichkeitsarbeit**
… informiert die Öffentlichkeit in und um Niederhöchstadt über *GoSpecial*, um ihr Interesse zu wecken, einmal selbst vorbeizuschauen. Zu den Aufgaben gehören: Pressemitteilungen schreiben und verschicken, Kontakte zur Presse halten, Zeitungsartikel sammeln, Anfragen von Interessierten beantworten, Plakate und Handzettel herstellen, Verteilaktionen am Samstag koordinieren, Internet-Seiten pflegen, *GoSpecial*-Seminare betreuen, externe Anfragen bearbeiten etc.

Die **Organisation**
… ist verantwortlich dafür, den Raum so vorzubereiten, dass sich die Besucher sofort wohl fühlen: Infozettel falten, Infopaket fertigstellen, Zwischenwände abbauen, Stühle stellen und mit Infopaket belegen, fegen, Toiletten sauber machen und Papier nachfüllen und für den reibungslosen Umbau zwischen beiden *GoSpecial*s sorgen.

Der Bereich **Kreativ**

… kümmert sich um die künstlerische Gestaltung des Gottesdienstes. Musik, Theater, Begrüßung, Texte und Dekoration sollen dabei aus einem Guss sein. Hier müssen die Absprachen gut laufen, die Ideen frühzeitig ausgetauscht und die Aktiven rechtzeitig informiert werden. Weitere Aufgaben: Modcrationsgestaltung, Requisiten, Maske usw.

Einige Beispiele für einzelne Teams:

Das **Erste-Hilfe-Team**

… ist dafür verantwortlich, im Bedarfsfall kompetent, schnell und möglichst unauffällig Erste Hilfe zu leisten.

Das **Deko–Team**

… ist dafür verantwortlich, für jeden *GoSpecial* Deko- und Kulissen-Ideen zu entwickeln und den Raum so zu gestalten, dass der Besucher auf das Thema vorbereitet und über so viel Kreativität in der Kirche überrascht ist.

Die **Band**

… ist verantwortlich für die musikalische Gestaltung des *GoSpecial*s, das bedeutet eigenständige Liedauswahl nach den vorgegebenen Themen und Schaffen einer Atmosphäre, in der Menschen sich entspannen, wohl fühlen und sich für Gott öffnen können.

Das **Theaterteam**

… schreibt oder sucht Theaterstücke aus, die unsere Besucher zum Lachen, Weinen und Nachdenken bringen und die sie für die Botschaft der Predigt »öffnen«.

Das **OnLine–Team**

… aktualisiert und führt in Absprache mit dem Öffentlichkeitsteam die *GoSpecial*-Homepage mit dem Ziel, sie zu einer hilfreichen und qualitativ hochwertigen

Homepage auszubauen, um Kirchendistanzierte neugierig zu machen und andere Christen zu informieren. Falls Sie sich einwählen wollen, hier unsere Internet-Adresse: **http://www.andreasgemeinde.de**

Das **Grafik-Team**

… ist verantwortlich, Einladungszettel, Plakate und alle möglichen Broschüren zu entwerfen und in entsprechender Anzahl bereitzustellen.

Das **Kassetten-Team**

… ist verantwortlich, qualitativ hochwertige Kopien der Aufnahme des aktuellen Gottesdienstes zu erstellen und sie neben anderen interessanten Predigtkassetten nach dem Gottesdienst zu verkaufen. Auch ist es ihr besonderer Auftrag, auf alle Fragen der Besucher freundlich einzugehen.

Das **Büchertisch-Team**

… ist verantwortlich dafür, thematisch aktuelle und andere interessante Bücher nach dem Gottesdienst zum Verkauf anzubieten, sowie auf alle Fragen der Besucher freundlich einzugehen.

Das **Hello- und Goodbye-Team**

… entwickelt kreative Ideen, die Besucher schon beim Kommen positiv und dezent zu überraschen und zu begrüßen und sie freundlich zu verabschieden.

Das **Requisiten-Team**

… ist verantwortlich für einen reibungslosen und unauffälligen Umbau der Bühne: Theaterrequisiten, Mikrofone usw.

Das **Statistik-Team**

… ist verantwortlich für die Auswertung aller Feedback-Bögen bis zum Dienstag nach dem *GoSpecial* und für die Präsentation der Ergebnisse in entsprechender Form im Team.

Das Ki*GoSpecial*-Team

… ist verantwortlich dafür, Kindern zwischen fünf und zehn Jahren 90 aufregende Minuten beim ersten *Go-Special* zu schenken, um so den Eltern zu ermöglichen, ohne Ablenkung und Stress am Gottesdienst teilzunehmen.

Das KiKiSpecial-Team

… ist verantwortlich dafür, Kindern bis fünf Jahren 90 schöne Minuten beim ersten *GoSpecial* zu schenken, um so den Eltern zu ermöglichen, ohne Ablenkung und Stress am Gottesdienst teilzunehmen.

Das Technik-Team

… ist verantwortlich für erstklassige Tonqualität und Kassettenaufnahmen sowie dafür, die Besucher immer wieder mit Special Effects zu überraschen.

Das Licht-Team

… ist verantwortlich für erstklassige Lichtverhältnisse, Auf- und Abbau der Lichtanlage usw.

Das Gebets-Team

… betet vor, während und nach dem *GoSpecial* für den Gottesdienst und die Mitarbeiter. Leitet im *GoSpecial* die Fürbitte und betet in den darauffolgenden Wochen für die genannten Anliegen der Gottesdienstbesucher.

Das Seelsorge-Team

… fungiert als erster Ansprechpartner für Menschen mit Fragen und Nöten, die sich in allererster Linie auf den Glauben beziehen. Kann auf erfahrene Seelsorger aus der Gemeinde weiter verweisen. Organisiert evtl. Predigtnachgespräche usw.

Das **Follow-Up-Team**

… schreibt diejenigen an, die sich für einen Glaubenskurs, für Hauskreise oder für die Mitarbeit im *GoSpecial*-Team interessieren, geht ihnen evtl. mit einem Anruf nach und hilft ihnen dabei, sich in die Gemeinde oder ins Team zu integrieren.

Der **Finanzverantwortliche**

… führt die Buchhaltung des *GoSpecial*s (Kollekte zählen, Ausgaben/Einnahmen festhalten, Budget erstellen, Jahresabrechnung usw.)

Das **Leitungs-Team**

… trägt die letzte Verantwortung, denkt die mittelfristige Strategie an, bereitet Entscheidungen vor und sorgt für die Integration der Arbeit in die Gesamtgemeinde. Das Leitungsteam des *GoSpecial*s besteht zur Zeit aus Fabian, Klaus und Kai (die manche respektlos mit »FKK« abkürzen …).

Solche Organigramme und Listen sind nur unter Vorbehalt zu lesen. Nichts ist bei uns so beständig wie der dynamische Wandel. Daher ist diese Liste, die wir schon mehrfach überarbeitet haben, jedes Mal bereits beim Ausdruck aus meinem Computer veraltet. Und: Wir haben zwar das Chaos dadurch in akzeptable Schranken verwiesen, gemeistert haben wir es noch lange nicht. Das Leben ist viel zu bunt, quirlig und eigensinnig, als dass man es in solchen Organigrammen einfangen könnte. Und wenn ich ganz ehrlich bin: Ich finde, dass das Leben ohne eine gut dosierte Portion kreatives Chaos auch nur halb so interessant ist. Dennoch haben sich beide Werkzeuge – das Organigramm und die Liste mit den einzelnen Teams – sehr bewährt, wenn es darum ging, neue Mitarbeiter zu gewinnen und in die Arbeit einzubinden. Alle an einer Mitarbeit Interessierten bekommen von uns beides ausgehändigt. So können sie sich einen ersten Einblick in das Team verschaffen und schon mal überlegen, an welcher Stelle sie evtl. mitarbeiten wollen.

Und noch etwas hat diese Neustrukturierung unserer Arbeit bewirkt. Der Druck wich aus dem Team und ich wurde dadurch erheblich entlastet. Nachdem vorher alle 30 Teams direkt mit mir – dem »Organisationstalent« – kommuniziert hatten, waren nun die sieben Bereichsleiter für ihren Bereich zuständig. Meine Aufgabe beschränkt sich mehr und mehr darauf, mich in regelmäßigen Abständen mit den sieben Bereichsleitern einzeln zu treffen, um sie bei der Entwicklung ihres Bereiches zu unterstützen. Aber wie arbeiten die einzelnen Teams zusammen? Wie entsteht ganz praktisch so ein Gottesdienst?

Countdown für einen Gottesdienst
Der praktische Ablauf eines *GoSpecial*-Monats

Im Oktober/November eines jeden Jahres beginnt die kreative Arbeit der Themensuche. Mitarbeiter reichen ihre Vorschläge ein, Bedürfnisse werden ermittelt, kommende Themen und Großereignisse in den Blick genommen (Fußballweltmeisterschaft, ein neuer James-Bond-Film usw.) und eine erste Liste mit möglichen Themen durch das Leitungsteam erstellt. Im Gesamtteam werden dann die endgültigen Themen bestimmt und der letzte Feinschliff bei der Formulierung vorgenommen. Dies ist umso wichtiger, da das Interesse vieler Besucher zunächst einmal durch das Thema geweckt wird und auch die Medien bei einem interessanten Thema gerne anbeißen.

Wie oft unsere Themen dann doch noch neben den Interessen unserer Zielgruppe liegen, mussten wir feststellen, als wir Ende 1997 zum ersten Mal alle *GoSpecial*-Besucher über die Themen des Folgejahres abstimmen ließen. Spitzenreiter waren die stark bedürfnisorientierten Themen wie »Versagt! Was ist, wenn ich alles falsch gemacht habe?«, »Herbststürme – Die jährliche Suche nach dem Sinn des Lebens« oder »Das harte Arbeits-Los – Wenn der Beruf zum Ein und Alles wird«. Die von uns erhofften »Knaller« landeten dagegen weit abgeschlagen auf den letzten Rängen, wie zum Beispiel »Torjäger in der Abseitsfalle – Geistliche Argumente für den Fuß-Baal« (zur Fußball-Weltmeisterschaft) und »Beam me up, Gottie – Der erste Science-Fiction-Gottesdienst des Alls«. Wir glauben trotzdem nicht, dass wir in Zukunft nur noch »bedürfnisorientierte« Themen anbieten werden. Zum einen haben wir bei »Knaller-Themen« eine bessere Presse. Zum anderen erschließen wir uns damit neue Zielgruppen (Fußballfans und Treckies). Und nicht zuletzt: Solche Themen vorzubereiten macht dem Team einfach auch enorm viel Spaß.

Mit der Festlegung der Themen macht sich das Kreativteam (Bands und die Theatergruppe) auf die Suche nach passenden Liedern (möglichst solchen, die auch in den Radioprogrammen laufen, die von der Zielgruppe gehört werden) und nach einem entsprechenden Theaterstück. Obwohl es sehr gute Theatermanuskripte von *Willow Creek* gibt, schreiben wir die meisten unserer Stücke selbst. Wie so etwas vor sich geht, hat Fabian Vogt in seinem Buch »So ein Theater« sehr praxisnah beschrieben.

Knapp zwei Wochen vor *GoSpecial* geht eine Pressemitteilung per Post an rund 25 Zeitungen, Radiostationen und Fernsehanstalten. Am Montag vor *GoSpecial* geht per Fax entweder noch einmal die gleiche oder eine aktualisierte Pressemitteilung an die wichtigsten lokalen Zeitungen. Das hatte unter anderem zur Folge, dass wir in zwei Jahren drei Mal im Fernsehen, sechs Mal im Radio, über 20 Mal mit mehrspaltigen Artikeln in der überregionalen Presse und eigentlich fast jedes Mal in der regionalen Presse vertreten waren. Uns ist diese Pressearbeit sehr wichtig, denn etwa 10 bis 15 % unserer Besucher geben im Schnitt an, über die Medien zum ersten Mal von *GoSpecial* erfahren zu haben. Unserer Erfahrung nach können Sie eine professionelle und interessante Öffentlichkeitsarbeit nicht hoch genug einschätzen.

Eine kleine Notiz am Rande: Vergessen Sie nicht, Ihren Gemeindebrief für die Werbeaktion einzusetzen – und sei es, dass Sie nur einen Handzettel für Ihren nächsten Gottesdienst einlegen. Über 20 % unserer Zielgruppe (der Kirchendistanzierten) gab an, dass ihr Interesse über dieses Medium am *GoSpecial* geweckt worden sei. Wir hatten nicht damit gerechnet, dass unser Gemeindebrief auch von den Kirchendistanzierten so stark wahrgenommen wird.

Gut eine Woche vor *GoSpecial* werden zudem über 30 Plakate im ganzen Ort aufgeklebt und Einladungszettel für *GoSpecial* ausgelegt (siehe gegenüberliegende Seite). Seit neuestem haben wir auch »Handzettel« im Visitenkartenformat drucken lassen, die sehr gerne von Gemeindegliedern eingesetzt werden, um sie an Freunde weiterzugeben.

Am Dienstag vor *GoSpecial* wird es ernst. An diesem Abend treffen sich die sieben Bereichsleiter samt interessierten Teamleitern und anderen Mitarbeitern (durchschnittlich zwischen acht und fünfundzwanzig Leute), um den gesamten Gottesdienst noch einmal Schritt für Schritt durchzusprechen. Jeder Bereichsleiter berichtet von seinen Planungen, Alternativvorschläge werden diskutiert, Pannen ausgebessert.

Fast immer wird der Gottesdienstablauf noch einmal korrigiert (»Das Interview mit dem Bürgermeister müsste weiter nach vorne«), und allzu oft werden noch neue Lieder gefunden, die dann von der Band innerhalb der verbleibenden Tage einstudiert werden müssen. Ein genauer Minutenplan wird erstellt und besonders die Übergänge

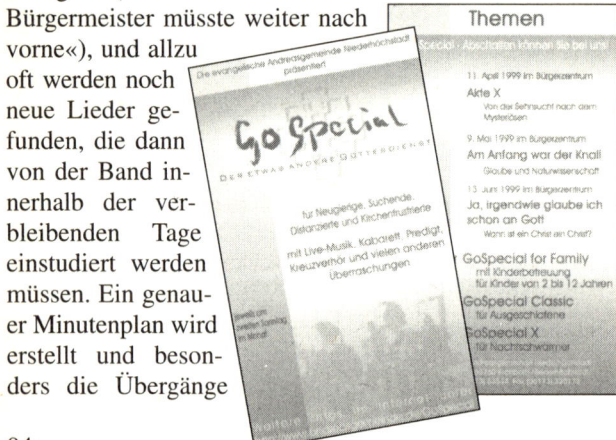

besprochen, damit keine Längen im Gottesdienst entstehen. Nicht selten merken wir erst hier, dass dem Gottesdienst noch ein Clou fehlt. (»Müsste nicht jedes einzelne Thema für das nächste Jahr kreativ vorgestellt werden? Fabian, kannst du das mit deinem Kreativteam noch schnell organisieren?« Oder: »Eigentlich müssten wir doch ein Interview mit dem Synchronsprecher von James Bond vor der Predigt einspielen. Andreas, kümmerst du dich darum?« usw.). Die meisten Mitarbeiter verlassen den Raum mit mehr neuen Aufgaben, als sie denken, meistern zu können – aber auch in gespannter Erwartung, was Gott wohl aus diesem kreativen Chaos schaffen wird.

Zur Tradition von *GoSpecial* gehört es, dass am Samstag einige engagierte Mitarbeiter zwischen 8.30 und 11.00 Uhr einen Infostand vor dem örtlichen Supermarkt aufbauen, um der Niederhöchstädter Bevölkerung noch einmal einen Einladungszettel und den Kindern einen *GoSpecial*-Luftballon in die Hand zu drücken und Gespräche zu führen. Da ein Jugendlicher aus unserem Team an diesem Tag sowieso Werbeprospekte austeilt, nimmt er meistens noch 500 Handzettel mit, die er gleichzeitig in die Briefkästen des Neubaugebietes einwirft. Empfehlenswert sind auch Einladungsaktionen am S-Bahnhof, bei denen wir freitagmorgens zwischen 6.00 und 9.00 Uhr unter den vielen Pendlern Einladungen zu *GoSpecial* verteilen, möglichst immer mit einer kleinen, netten Idee verbunden. Im Dezember haben wir – als Nikoläuse verkleidet – neben einer Einladung zu *GoSpecial* ein mit einer roten Schleife eingepacktes Give-Away mit dem Titel »Wozu eigentlich Weihnachten?« von Nicky Gumbel verteilt. Im Januar verlosten wir – im schwarzen Smoking und mit James Bond Musik im Hintergrund – 200 James-Bond-CDs, die uns die Promotionfirma zugeschickt hatte.

Am Sonntag beginnt die »heiße Phase« direkt nach dem Morgengottesdienst. Nicht wenige unserer Mitarbeiter verbringen an diesem Tag zehn bis zwölf Stunden in der Gemeinde. Um Punkt 12.00 Uhr, sobald der letzte Gottesdienstbesucher des Morgengottesdienstes die Kirche verlassen hat, tritt das Organisationsteam in Aktion. Trennwände werden ab- und die Bühne aufgebaut, Stühle werden gestellt, oft wird die ganze Kirche noch einmal durchgefegt und die Toiletten inspiziert sowie das Begrüßungspaket (Infozettel »Was ist *GoSpecial*«, die Zettel »Fragen an den Prediger« und »Meine Gebetsanliegen«,

Feedbackbogen, Liedzettel und Kugelschreiber) auf jedem Stuhl verteilt. Ab 13.00 Uhr werden die Technik und das Licht aufgebaut, um 14.00 Uhr probt die Band, eine halbe Stunde später rückt das Dekoteam an, um den Raum zu gestalten, bevor um 15.30 Uhr das Theaterteam seine Generalprobe auf die Bühne bringt. In diesen Stunden wird hart gearbeitet, viel gelacht, ohne Ende improvisiert und nie die eingeplante Zeit eingehalten, so dass wir es erst einmal in der gesamten Geschichte von *GoSpecial* geschafft haben, tatsächlich – wie geplant – um 15.30 Uhr mit allem fertig zu sein.

Zu diesem Zeitpunkt, in der Praxis aber viele Minuten später, treffen wir uns alle noch einmal vor der Bühne. Wir singen gemeinsam einige Lobpreislieder (in der Regel die gleichen, die auch im Gottesdienst gesungen werden), legen den Gottesdienst im Gebet in Gottes Hände und besprechen die wichtigsten Änderungen. Ab 16.00 Uhr läuft dann leise Musik im Hintergrund (teils live, teils von CD) und alle atmen noch einmal tief durch, um immer wieder überrascht zu werden, wie schnell sich die Stühle mit Menschen füllen, deren Gesichter voller Erwartung sind – erwartungsvoll, weil sich das »Hello- & Goodbye-Team« wieder etwas Schönes hat einfallen lassen, um die Besucher freundlich zu begrüßen (ein Eiskonfekt zu Weihnachten, ein Gummibärchenherz zum Thema »Kein Sex in der Ehe« oder einen Leierkastenspieler, Jongleure und Artisten zum Thema »So ein Zirkus«).

Wenn nach dem zweiten Gottesdienst um 22.30 die letzten Besucher den Raum verlassen haben, packt das Abbauteam das technische Equipment ein und die letzten Zettel werden eingesammelt, während sich langsam eine »erfüllte« Stille über dem Gemeindezentrum ausbreitet.

Während die meisten *GoSpecial*-Mitarbeiter am Montag ihren Job getan haben, beginnt jetzt für unsere Statistik-Mitarbeiterin das Schwitzen. Zwischen 180 und 300 Feedbackbögen müssen innerhalb von 24 Stunden in die Tabellenkalkulation eingegeben und ausgewertet sowie etwa halb so viele handschriftliche Kommentare nach »Zielgruppe« und »Frommen« sortiert und abgetippt werden. Sie macht sich diese Arbeit, damit sich das Team am »Dienstag danach« bei der Auswertung des Gottesdienstes nicht nur auf sein Gefühl, sondern auf harte Fakten berufen kann. Ich staune jeden Dienstag neu, wenn mir unsere Mitarbeiterin ihre Auswertung auf rund zehn eng bedruckten Seiten überreicht. So wissen wir jedes Mal ziemlich genau, wie viele Besucher aus der Zielgruppe da waren, wie ihnen der Gottesdienst, ja jedes einzelne Element (Musik, Theater, Predigt, Kreuzverhör, Fürbitten usw.) gefallen hat, was weniger gut ankam, wie viele Menschen durch diesen Gottesdienst neu über den Glauben nachgedacht oder neues Interesse an Kirche bekommen haben und woher unsere Besucher kommen. Das Computerprogramm, das einer unserer Mitarbeiter entwickelt hat, ist sogar so ausgefeilt, dass wir zum Beispiel feststellen könnten, wie die Predigt den kirchendistanzierten Besuchern unter 25 Jahren aus Niederhöchstadt gefallen hat im Vergleich zu den kirchentreuen Über-Sechzigjährigen aus den Nachbarorten.

Außerdem bekommen wir eine Liste mit allen an Hauskreisen, an einer Mitarbeit oder an Seminaren Interessierten, die dann entweder von mir persönlich angerufen werden oder einen Brief mit den nötigen Informationen erhalten.

Anders als der »Dienstag davor« ist der »Dienstag danach« keine reine Arbeitssitzung. Zunächst einmal wird hier gefeiert: Gott, weil wir seine Liebe und sein Wirken wieder neu erfahren durften, das Team, das in den meisten Fällen über sich hinaus gewachsen ist, und einzelne Mitarbeiter, die uns das Staunen lehrten. Eine kleine Kostprobe gefällig? Beim *GoSpecial* zum Thema »Ich wär so gerne Millionär« kündigten wir in der Presse groß an, dass es an diesem Sonntag in der Andreasgemeinde »eine Million« zu gewinnen gäbe. Fleißig wurden am Eingang Lose an alle Besucher ausgegeben, bis wir feststellen mussten, dass – wie typisch! – keiner die 1 Million türkische Lira besorgt hatte, die wir verlosen wollten. Und in zehn Minuten sollte der Gottesdienst beginnen. Was tun? Ich bat zwei Mitarbeiter, die gerade in meiner Nähe standen, die Million zu besorgen, egal, wie (Sie wissen ja, ich bin ein Meister im »Freisetzen«). Also wälzten sie Telefonbücher, um nach türkischen Restaurants zu suchen, fanden eines in der Nähe, klingelten aber auf dem Weg dorthin sicherheitshalber noch bei zehn türkischen Familien im nahe gelegenen Hochhaus – ohne Millionen-Erfolg. Das Restaurant konnte das Geld tauschen, aber nur umgekehrt, von Lira zu D-Mark. Kurz entschlossen fuhren sie zum 15 Kilometer entfernten Frankfurter Hauptbahnhof, einer parkte auf den Straßenbahngleisen, während der andere im Sprint die Million eintauschte, um dann 15 Minuten vor Ende des Gottesdienstes außer Atem in der Gemeinde anzukommen. Ein als Bodyguard verkleideter Mitarbeiter steckte das Geld in eine Aktentasche, die er mit Handschellen an seinem Handgelenk befestigt hatte, und schritt auf die Bühne. Die Verlosung hatte gerade begonnen. Sie können sich vorstellen, wie wir diesen Einsatz gefeiert haben.

Aber auch an Kritik wird nicht gespart. Immer wieder wird die Frage gestellt: Was können wir beim nächsten Mal noch besser machen? Zum Treffen am »Dienstag danach« sind alle Teamleiter und Mitarbeiter eingeladen, denn neben der Auswertung (die alle interessiert) wird hier die längerfristige Planung besprochen, sich über die Einführung eines dritten *GoSpecial*s oder des endgültigen Umzugs ins Bürgerzentrum gestritten, eine Idee für den nächsten *GoSpecial* »ge-brainstormt« oder einfach nur viel miteinander gelacht.

Und was kostet der Spaß? Außer einigen hundert Stunden Arbeit (allein zur Vorbereitung der etwa vierminütigen Anmoderation zu Beginn jedes *GoSpecial*s brauchen wir manchmal drei bis vier Stunden, 20 bis 40 Stunden für die Predigt usw.) sind die Kosten eines solchen Gottesdienstes überschaubar, da Räumlichkeiten und ein Großteil der technischen Ausrüstung in der Gemeinde vorhanden sind und auch mein Gehalt durch den Gemeindeaufbauverein gedeckt wird. Im ersten Jahr haben wir durch Kollekten knapp DM 4 500 eingenommen und genauso viel ausgegeben (etwa die Hälfte davon für Werbung). Im letzten Jahr sind die Ausgaben auf über DM 7 000 gestiegen, während sich die Einnahmen im gleichen Zeitraum vervierfacht haben, unter anderem durch unsere Weihnachtsaktion im Dezember 1997, bei der wir mehrere Spender motivieren konnten, die Kollekteneinnahme dieses *GoSpecial*s zu verdreifachen. Knapp 3 100 Mark wurden an diesem Abend gesammelt.

Alle Vorbereitungen und Ideen werden nur deshalb mit so viel Elan und Freude umgesetzt, weil alle wissen, dass es um mehr geht als um eine schöne Veranstaltung. Natürlich sind wir stolz, wenn wir unseren Beitrag zu einem unterhaltsamen und gelungenen Abend leisten konnten, viel wichtiger aber ist die geistliche Vision, die dahinter steht – und für die man mehr braucht als nur einen Gottesdienst. Wir haben einmal nach einer Evangelisationswoche etwas »Schreckliches« erlebt: 50 Leute hatten sich entschieden, Christen zu werden – und wir wussten nicht, was wir mit ihnen anfangen sollten. Es gab zu wenig Kreise und keine Konzepte für die Nacharbeit. Darum haben wir bei *GoSpecial* sehr bald angefangen zu überlegen, was wir den Besuchern in einem zweiten Schritt anbieten können. Mehr darüber lesen Sie im nächsten Kapitel.

Kapitel 5

Wohin geht die Reise?

Warum eine ganzheitliche Strategie
so wichtig ist

*A*uf den folgenden Seiten geht es ums Ganze. Sie lesen, warum ein neuer Gottesdienst allein noch keine wirkliche Verbesserung ist, wie Sie für neugierig gewordene Besucher attraktive und hilfreiche Nacharbeits-Angebote machen können und wie Sie Ihre Sonderveranstaltungen in die Gemeinde einbetten. Und Sie werden ermutigt, für Ihre Träume von Anfang an eindeutige und realisierbare Ziele zu formulieren, damit alle im Team wissen, woran sie sind.

Im Kirchenvorstands-Protokoll der Andreasgemeinde vom 20. November 1995 heißt es:

>GoSpecial *soll kein Alternativgottesdienst sein, sondern ein Gottesdienst, der auf eine andere Zielgruppe ausgerichtet ist: Kirchen- und Glaubensdistanzierte. Die Gestaltung richtet sich vom Stil her vor allem auf den Geschmack der zahlenmäßig größten Gruppe in unserer Gemeinde aus: Das sind die Menschen zwischen 20 und 40 Jahren. Damit wird erreicht, dass es keine Spaltung der gottesdienstlichen Gemeinde gibt. Jedes Kern-Gemeindeglied, das zu* GoSpecial *kommt, kommt in der Regel auch morgens, aber es bringt abends seine nichtchristlichen Freunde mit.*<

Soweit die Theorie. »Kein Alternativgottesdienst« soll *GoSpecial* sein und »keine Spaltung der gottesdienstlichen Gemeinde« hervorrufen! Das hört sich gut an, oder? Aber wie soll man es nennen, wenn über 50 % der *GoSpecial*-Besucher nur diesen Gottesdienst besuchen, und nicht wenige der Mitarbeiter am sonstigen Gemeindeleben (bislang noch) kaum teilnehmen, andere noch nicht einmal Christen sind? Entsteht hier nicht doch eine eigene, neue Gemeinde neben der traditionellen Ortsgemeinde – einfach schon deswegen, weil über ein Drittel unserer Mitarbeiter gar nicht mal aus unserem Ort kommen und nicht wenige davon keine Kirchenmitglieder mehr sind? Was ist also *GoSpecial* und wie ordnet sich dieser Gottesdienst der Andreasgemeinde insgesamt zu? Um diese Fragen beantworten zu können, kann es hilfreich sein, einen Blick auf die *GoSpecial*-»Philosophie« – unsere Vision, Mission und Strategie – zu werfen, wie sie sich im Laufe der letzten zwei Jahre herauskristallisiert hat (vgl. Seite 103).

GoSpecial ist keine Gemeinde und möchte auch keine Gemeinde sein – sondern nur »ein Raum«, in dem sich unsere Zielgruppe wohl fühlt. Das scheint uns auch in zunehmendem Maße zu gelingen. Im ersten Jahr besuchten im

Die GoSpecial-Vision
Der »etwas andere« Gottesdienst

Wir wollen einen Raum schaffen für kirchendistanzierte und -ferne Menschen, in dem sie sich in entspannter Atmosphäre mit Gott und Kirche so auseinander setzen können, dass ihre Vorurteile und Ängste abgebaut werden und sie Interesse bekommen, Gott persönlich kennen zu lernen und in Gemeinschaft mit Christen zu leben.

Schnitt etwa 20 % Kirchendistanzierte (Menschen, die sonst »selten« einen anderen Gottesdienst besuchen) und 8 % Kirchenferne (Menschen, die sonst »nie« einen anderen Gottesdienst besuchen) *GoSpecial*. Im letzten Jahr ist der prozentuale Anteil dieser beiden Gruppen auf insgesamt 38 % gestiegen. In einigen unserer »Gottesdienste für Nachtschwärmer« um 20.30 Uhr waren sogar die »Kirchentreuen« in der Minderheit (55 % Zielgruppe).

Was uns in diesem Zusammenhang auch freut: Bei der Benotung der einzelnen Teile unseres Gottesdienstes wird »die Atmosphäre« von unseren Besuchern fast immer mit am besten benotet. Dies liegt unter anderem daran, dass wir das Bedürfnis unserer Besucher nach »Anonymität« respektieren – sie also zu nichts zwingen, weder zum Mitsingen, zum Aufstehen noch zum Spenden –, und wir uns bewusst sind, dass geistliche Prozesse vor einer Entscheidung für Gott Zeit brauchen. Darum gibt es bei uns auch keine »Aufrufe zur Bekehrung«.

Aber aus unserer Vision wird auch klar, dass wir uns hiermit nicht begnügen wollen. Menschen sollen in diesem Gottesdienst »ihre Vorurteile abbauen und Interesse bekommen, Gott persönlich kennen zu lernen und in Gemeinschaft mit Christen zu leben.« Weil uns dieser Punkt sehr wichtig ist, haben wir ihn in unsere *GoSpecial*-Mission aufgenommen (vgl. Seite 104).

Die GoSpecial-Mission
Ein Gottesdienst, der Kreise zieht

Wir wollen einen ständig wachsenden Prozentsatz der Menschen in und um Niederhöchstadt mit dem Evangelium erreichen.

Um es ganz deutlich zu sagen: *GoSpecial* wurde nicht entwickelt, um Menschen zu unterhalten oder um die Mitgliederzahlen der Kirche zu stabilisieren, sondern um den Missionsauftrag Christi zu erfüllen. Unser primäres Anliegen ist es, dass Menschen von der lebensverändernden Guten Nachricht angesteckt werden. Etwas Besseres, so ist unsere Überzeugung, kann ihnen nicht passieren. Das ist einer der Gründe, warum wir uns mit der Predigt so viel Mühe geben. Zwar wollen wir auch hier bei den Bedürfnissen der Zuhörer anknüpfen (deswegen die manchmal recht »reißerischen« Themen), ihnen dann aber aufzeigen, dass Gott relevant für ihr Leben ist – ja, dass Gott einen Anspruch auf ihr Leben hat. Dass sich diese Mühe lohnt, wird dann deutlich, wenn – je nach *GoSpecial* – 20 bis 42 % der Kirchendistanzierten angeben, dass sie durch den Gottesdienst »über den Glauben nachgedacht« haben. Zwischen 45 und 65 % geben darüber hinaus an, »Anstöße für ihren Alltag erhalten zu haben«. Ein für manche sicher auch nicht unwichtiger »Nebeneffekt«: Immerhin gaben zwischen 10 und 25 % an, dass sie durch unsere Gottesdienste auch »neues Interesse an Kirche« gefunden haben.

Kommen wir noch einmal auf die entscheidende Stelle in der Apostelgeschichte, Kapitel 1, Vers 8 zurück. Im Zitat Jesu Christi heißt es dort: »Ihr werdet die Kraft des Heiligen Geistes empfangen und werdet meine Zeugen sein: in Jerusalem und in ganz Judäa, in Samarien und bis ans äußerste Ende der Erde.« Dafür engagieren wir uns: zu erleben, wie dieser sogenannte Missionsbefehl Jesu hier vor

Ort umgesetzt wird. Dabei erfahren wir immer mehr, wer es letztlich ist, der einem Suchenden Gott »näher bringt«. Den Missionsauftrag Jesu ohne den Heiligen Geist durchführen zu wollen, ist mehr als mühsam und frustrierend. Erst eine Arbeit, die in der Kraft des Heiligen Geistes geschieht, zieht Kreise, zunächst ganz kleine, dann immer größere. Etwas in dieser Richtung erleben wir auch bei *GoSpecial*.

Um unsere Kräfte zu bündeln, haben wir uns in den ersten drei Jahren von *GoSpecial* auf unseren Ort und die nähere Umgebung konzentriert und werden das wohl auch in der nächsten Zeit tun. Wir merken allerdings mehr und mehr, wie unsere Arbeit anfängt, weit darüber hinaus Kreise zu ziehen. Eine Frucht davon ist dieses Buch. Mit den uns zur Verfügung stehenden Kräften konzentrieren wir uns aber auch weiterhin primär auf Niederhöchstadt. Hier werben wir, kleben unsere Plakate auf, führen unsere Einladungsaktionen am Supermarkt und am S-Bahnhof durch und versuchen mindestens einmal im Jahr, alle Haushalte in Niederhöchstadt zu erreichen. So kommen auch rund 35 % unserer Besucher aus »unserem Jerusalem« Niederhöchstadt (38 % der Zielgruppe), 32 % aus unserem »Judäa« (Umkreis von 15–20 Kilometer), und 33 % kommen von weiter her, darunter auch einige »christliche Schlachtenbummler«. Eine Sonderstellung nehmen diejenigen ein, die aus anderen Gemeinden – deutschlandweit – kommen, weil sie sich mit dem Gedanken tragen, einen ähnlichen Gottesdienst in ihrer Gemeinde zu beginnen.

Freilich haben wir auch dann unser Ziel noch nicht erreicht, wenn alle »neu über den Glauben nachgedacht haben« oder »neues Interesse an Kirche bekommen haben«. »Mit dem Evangelium erreichen« heißt für uns letztendlich, dass Menschen engagierte Nachfolger Christi werden, die sich das biblische Lebenskonzept zu Eigen machen: Gott kennen lernen, in Gemeinschaft leben, im Glauben wachsen, für andere da sein und Gott anbeten (vgl. dazu auch Kapitel 7).

Wie aber soll das gehen? Wie soll ein Kirchendistanzierter oder gar Kirchenferner, der seit seiner Konfirmation nie mehr in der Kirche war, den Sprung in die Gemeinde schaffen? Um diesen Prozess zu fördern, haben wir – zum Schrecken mancher Frommer – eine Strategie übernommen, mit der auch die Werbeindustrie arbeitet.

Die GoSpecial-Strategie
AIDA

Wir wollen bei unserer Zielgruppe AUFMERKSAMKEIT erlangen, um sie dann über die »Gute Nachricht« so zu INFORMIEREN, dass sich die Botschaft DURCHSETZT und Menschen in AKTION bringt.

Nahezu jede Werbung funktioniert nach dem AIDA-Prinzip. Zunächst muss man die *Aufmerksamkeit* der Menschen erlangen (Claudia Schiffer lächelt provozierend groß auf einem Plakat), bevor man sie informieren kann (hinten ist – sehr viel kleiner als Claudia – der neue, metallicfarbene Citroën zu sehen, um den es eigentlich geht), dann hofft man, dass sich die Botschaft durchsetzt (im Kleingedruckten steht, warum Claudia nur dieses Auto fährt und sonst keines), bevor man den Kunden zur Aktion bewegen kann (die Einladung zum nächsten Citroën-Händler – wo man allerdings leider nur den Citroën, nicht aber Claudia antreffen wird). Wie sieht das für *GoSpecial* aus?

1. Aufmerksamkeit erlangen

Über persönliche Beziehungen zu unseren Freunden und Nachbarn, über gute Pressearbeit, kreative Einladungsaktionen (am Supermarkt, S-Bahn etc.), Interviews mit VIPs in Gottesdiensten u. Ä. wollen wir die Aufmerksam-

keit der Menschen in und um Niederhöchstadt erlangen und sie zum GoSpecial *einladen.*

GoSpecial beginnt damit, dass Gemeindeglieder von Gott, der Gemeinde und *GoSpecial* begeistert sind und ihre Freunde und Bekannten zu diesem einladen. 70 bis 80 % unserer Besucher gaben an, dass ihre Freunde sie zu *Go-Special* mitgebracht haben. Eine professionelle Pressearbeit, so gut sie auch gemacht wird, ist unbezahlbar, kann aber die persönliche Einladung nie ersetzen. Um die Aufmerksamkeit der Presse und damit auch unserer Zielgruppe zu erlangen, haben sich auch unsere VIP-Interviews im *GoSpecial* bewährt. So titelte die Frankfurter Allgemeine Zeitung am 11.06.1996 »Bürgermeister am Bistrotisch – Bohrende Fragen beim *GoSpecial*-Gottesdienst«, und so kam es zu einem Radiointerview in einem renommierten lokalen Sender, als wir dessen Wetterfrosch zum Interview in den Gottesdienst einluden. Was wir sonst noch tun, um das Interesse der Niederhöchstädter Bevölkerung zu gewinnen, haben Sie bereits in Kapitel 5 gelesen.

Gerade vor zwei Tagen fragte mich ein Teilnehmer auf einem Seminar in der Schweiz, warum so viele Menschen zu *GoSpecial* kommen. Hier – im ersten Schritt – liegt der Schlüssel: Wir entwickeln eine Menge kreativer Ideen einfach nur, um die Aufmerksamkeit unserer Zielgruppe auf unseren Gottesdienst zu lenken, das heißt: »nur«, um in ihnen das Interesse zu wecken, vielleicht doch mal bei uns vorbeizuschauen. Darum geben wir einen großen Teil unseres Budgets für unsere Öffentlichkeitsarbeit aus. Und dabei haben wir es als Landeskirchler noch viel leichter als viele Freikirchen, da wir natürlich enorm von dem Vertrauensvorschuss profitieren, den unsere Kirche immer noch bei einem Großteil der Bevölkerung hat. Unabhängige Gemeinden haben es hier ungleich schwerer – ein Grund mehr für sie, viel Kreativität, Energie und Ideen auf diesen ersten Schritt zu verwenden.

2. Informieren

Der monatliche GoSpecial informiert über Gott, baut bei der Zielgruppe Vorurteile ab und weckt Interesse für ein Leben mit Gott und für die Gemeinde. Menschen, die mehr wollen, werden regelmäßig auf die weiterführenden Angebote der Gemeinde hingewiesen.

Die 90 Minuten *GoSpecial* sind keine Evangelisation im klassischen Sinne, sondern eine – wie wir finden – sehr effektive Form der Vorarbeit zur Evangelisation (manche nennen das »Vorfeld-Evangelisation«). Das heißt: Es werden sich kaum Menschen in einem *GoSpecial* bekehren, und das ist okay so – ja, es ist sogar intendiert. *GoSpecial* will primär informieren – Vorurteile abbauen und Hunger nach mehr wecken. Alle anderen Erwartungen wären eine Überfrachtung dieses Gottesdienstes. Die allerwenigsten Menschen werden innerhalb von knapp 80 Minuten in der Lage sein, eine Entscheidung für Gott zu treffen, die ihr ganzes Leben verändern wird. Geistliche Prozesse brauchen Zeit, und in *GoSpecial* geben wir unseren Besuchern die Möglichkeit, sich in ihrer eigenen Geschwindigkeit auf Gott und die Gemeinde zuzubewegen. Unsere Beobachtung ist, dass Menschen über Monate, ja Jahre hinweg immer mal wieder *GoSpecial* besuchen, bevor sie sich entscheiden, ihre Suche zu intensivieren. Und das ist okay so. Wenn selbst bei *Willow Creek* ein Suchender im Durchschnitt sechs Monate lang den wöchentlichen »Offenen Gottesdienst« besucht, bevor er sich für Gott entscheidet, rechnen wir damit, dass es bei einem monatlichen Angebot, wie bei uns, durchaus einiges länger dauern wird und darf. Sich dessen bewusst zu sein, bewahrt einen vor falschem geistlichen Stress (»Wie viele Menschen haben sich denn nun in eurem *GoSpecial* schon bekehrt, hä?«) und lässt einen die ganze Sache gelassener angehen. Umso wichtiger sind die »Abkündigungen« im *GoSpecial*, in denen wir möglichst kreativ auf weiterführende Angebote aufmerksam machen, die den dritten, brückenbauenden Schritt ausmachen.

3. Durchsetzen der »Guten Nachricht«

Der GoSpecial *kann nicht allen Bedürfnissen gerecht werden. Daher besuchen Menschen, die Gott näher kennen lernen und die Gemeinschaft unter Christen erfahren wollen, Predigtserien im Gemeindegottesdienst, Glaubenskurse, das »Oktoberfest« (einwöchiges Glaubensseminar mit auswärtigem Prediger),* GoOn *und/oder den Abendgottesdienst.*

Da der dritte Schritt so entscheidend wichtig ist für die Integration von *GoSpecial* in die Gesamtgemeinde, möchte ich an dieser Stelle ein wenig detaillierter auf die oben genannten Elemente eingehen. Es genügt ja nicht, einmal im Monat eine große Veranstaltung durchzuführen – und danach ist wieder ein Monat Pause. Das heißt, wir mussten Strukturen schaffen, die diese Arbeit auf den Rest der Gemeindearbeit ausrichteten.

Zunächst waren das die **Glaubenskurse**, die Klaus Douglass jährlich in unserer Gemeinde durchführte. Ein bewährtes Konzept, bei dem regelmäßig zwischen 20 und 35 Menschen teilnehmen und etwa die Hälfte sich für einen Neuanfang mit Gott bzw. den Besuch eines Hauskreises entscheidet. In seinem Buch »Glaube hat Gründe« hat Klaus Douglass diesen Kurs veröffentlicht. Seit dem vergangenen Jahr haben wir das Angebot an Glaubenskursen auf bis zu vier pro Jahr erhöht.

Ein Ziel unserer Arbeit ist auch, dass die *GoSpecial*-Besucher auf Dauer auch unseren »normalen« Gottesdienst besuchen. Das bloße Wecken von Interesse kann und darf ja nicht unser einziges Ziel sein. Um ein Bild des Apostels Paulus aufzugreifen: Der »Milch« muss irgendwann einmal »feste Nahrung« folgen, damit ein Mensch im Glauben wachsen kann. Freilich ist der kulturelle Sprung von *GoSpecial* zu einem normalen Sonntagsgottesdienst relativ groß. Darum haben wir zunächst einmal den normalen Sonntagmorgen-Gottesdienst in seiner Struktur verändert, so dass er offener, lockerer und moderner geworden ist.

Als Nächstes begannen wir, in unregelmäßigen Abständen direkt am Sonntag nach *GoSpecial* Predigtserien zu starten, die bei den Fragen der Zielgruppe anknüpften (»Argumente gegen den Glauben«, »Die Kunst des Träumens« etc). Zwar waren diese Predigtserien immer sehr gut besucht, wir waren aber noch nicht zufrieden. Der Graben zwischen *GoSpecial* und dem normalen Gottesdienst war doch größer, als wir annahmen. Außerdem meldete sich eine relativ große Gruppe der Kerngemeinde zu Wort, denen jetzt schon der Gottesdienst langsam »zu modern« wurde und die sich nach ihrer guten, vertrauten Liturgie zurücksehnten. Wir merkten, dass der Morgengottesdienst nur bedingt formbar war, nicht genug, um allen durch *GoSpecial* nicht mehr ganz so Kirchendistanzierten tatsächlich zur Heimat werden zu können. Da außerdem die Gemeinderäume seit einem Jahr am Rande ihres Fassungsvermögens angelangt waren, wurde die Frage nach einem zweiten Gottesdienst immer lauter.

Am 19. Oktober 1997 wurde dann unser »**moderner Abendgottesdienst**« aus der Taufe gehoben. Vorausgegangen war eine detaillierte Umfrage in der Kerngemeinde, den *GoSpecial*-Besuchern und anderen Niederhöchstädtern, wie ein Gottesdienst auszusehen hat, den sie regelmäßig besuchen würden. Knapp 40 % gaben an, sie wünschten einen »modernen« Gottesdienst – der größte Teil davon Menschen, die bis dahin nur *GoSpecial* besuchten. Über 50 % bevorzugten einen »aufgelockert traditionellen« Gottesdienst und nur 10 % sehnten sich nach einem rein »traditionellen« Angebot. Nach dem Motto: »Ihr Wunsch ist uns Befehl« haben wir dann das Angebot der vier unterschiedlichen Gottesdienste entwickelt, das Sie bereits genauer unter die Lupe (wörtlich!) nehmen konnten (vgl. Seiten 52/53). Dort sehen Sie auch, was den modernen Abendgottesdienst von *GoSpecial* und dem Morgengottesdienst unterscheidet.

Wie so oft mussten wir auch bei der Einführung dieses Gottesdienstes nach dem in Kapitel 4 beschriebenen »Vakuum-Prinzip« vorgehen. Natürlich hatten wir wieder einmal nicht genügend Mitarbeiter für diesen Gottesdienst, doch hätten wir darauf gewartet, gäbe es bis heute noch keinen zweiten Gottesdienst. Beherzt, aber auch ein wenig blauäugig haben wir mit dem modernen Gottesdienst begonnen und damit uns und die Gemeinde in eine etwa zweimonatige heiße Stressphase geführt, an die sich keiner so gerne zurückerinnert. Die Gemeinde schlitterte an den Rand ihrer Kapazität. Doch Gott ist treu: Die Lage hat sich mittlerweile weitgehend entspannt, es wurden ganz neue Mitarbeiter für den Gottesdienst gewonnen und die Gottesdienstbesucherzahl pro Sonntag ist innerhalb relativ kurzer Zeit um 50 % gestiegen – von knapp 200 auf knapp 300 Besucher. Wir hatten wieder einmal allen Grund zum Staunen – und Danken!

Als drei weitere effektive Brücken zwischen *GoSpecial* und der Gemeinde haben sich »**Das Oktoberfest**«, *GoOn* und unsere **Gemeindeseminare** erwiesen. Ersteres ist nichts anderes als eine ganze Woche voller »Mini-*GoSpecial*s« (früher nannte man so etwas »Evangelisationswoche«), die wir nun seit drei Jahren im Oktober in unserer Gemeinde anbieten und zu denen wir Evangelisten von außen einladen. In dieser Woche wird »die Ernte eingefahren«. Viele, die seit langem *GoSpecial* besucht haben, nehmen an den Veranstaltungen dieser Woche teil, lernen Gott persönlich kennen und wagen ihre ersten Schritte im Glauben.

So haben wir auch nach einem Oktoberfest mit dem ersten »*GoOn* – **die etwas andere Hausparty**« begonnen. Da alle unsere Hauskreise voll waren und für viele unserer Besucher der Sprung in eine bestehende Gruppe zu groß war und immer noch ist, haben wir uns dazu entschieden, neue, auf etwa zwei Monate befristete »Sucher-Hauskreise« zu beginnen. Über 20 Leute kamen zum ersten, unverbindlichen Abend in den festlich geschmückten Kaminraum der Gemeinde, denn: Ein *GoOn* lebt von der Atmosphäre und beginnt daher jeden Abend mit einem kleinen kalten Buffet. Vier *GoOns* haben wir im letzten Jahr durchgeführt, immer befristet auf sechs bis sieben Abende mit jeweils 10 bis 25 Teilnehmern. Sehr bewährt haben sich bei uns hierfür die Kleingruppenhefte »Serendipity«, die zu verschiedensten Themen im Brunnen-Verlag, Gießen, erschienen sind.

Über 70 % der Teilnehmer sind durch *GoOn* zu regelmäßigen Mitgliedern einer Kleingruppe geworden – haben entweder als Gesamtgruppe einen neuen Hauskreis gegründet oder haben sich einem anderen Hauskreis angeschlossen. Mit zur Zeit rund 15 Hauskreisen können wir die Nachfrage nach Kleingruppen in unserer Gemeinde bei weitem nicht decken, was einer der Gründe ist, warum wir auf diesen Bereich für das nächste Jahr den Schwerpunkt unserer Arbeit verlegt haben. Auf diesem Gebiet gibt es noch viel zu tun.

Auch unsere **Gemeindeseminare** haben sich als sehr zuverlässige Brücken in die Gemeinde erwiesen. Angefangen haben wir mit zwei Seminaren pro Jahr. Mittlerweile bieten wir zwischen 20 und 25 Seminare im Jahr zu den unterschiedlichsten Themen an – fromme und weniger fromme Angebote: vom »Puppennähkurs« bis zum »Candlelight-Dinner für Ehepartner«, vom »Akrobatikkurs für Anfänger« bis zu »D.I.E.N.S.T.-Seminaren« (dem von *Willow Creek* entwickelten Kurs »**D**ienen **i**m **E**inklang von **N**eigungen, **S**tärken und **T**alenten«, den wir drei- bis viermal im Jahr anbieten) und von »Eine Reise in das Alte Testament« bis zu »Tage des Fastens und Schweigens«. Eine Überraschung für alle Beteiligten war beispielsweise unser Tanzkurs, den wir direkt nach einem *GoSpecial* anboten, und bei dem unsere Besucher merkten: »Christen sind ja durchaus auch ganz normale Menschen« und die seitdem auch den normalen Gottesdienst besuchen (mal abgesehen davon, dass der Tanzkurs Spaß gemacht und für einige »alte Hasen« eine ganz neue Art der Begegnung dargestellt hat).

4. Aktion

Wenn Menschen Gott kennen lernen, verändert sich ihr Leben. Sie verlassen die Zuschauerbank und treten in Aktion – schließen sich einer Gemeinde an, leben miteinander, wachsen im Glauben, sind für andere da, lernen Gott von ganzem Herzen zu lieben (und laden ihre Freunde zu Go-Special ein).

Dass Menschen in Aktion treten, das heißt in unserem Zusammenhang, dass sie zu mündigen Christen werden, die ihre Berufung als »heiliges Priestertum« (vgl. 1 Petrus 2,5.9 und Offenbarung 1,6) wahrnehmen und die Gesellschaft, in der sie leben, verändern – das ist das Ziel unserer Gemeindearbeit, auf das *GoSpecial* zuarbeiten möchte. Die »Andreas-Rosette«, die wir im Kapitel 7 beschreiben, veranschaulicht diese Ziele.

Wann aber treten Menschen in Aktion und arbeiten in einer Gemeinde mit? Erst wenn sie »voller hingegebener« Christen sind? Oder doch zumindest aktive Gottesdienstbesucher? Wer unter unseren Lesern die Einstellung der Leitenden der *Willow Creek*-Gemeinde kennt, dem wird sicher aufgefallen sein, dass wir uns an diesem Punkt von unserem Chicagoer Vorbild unterscheiden. Bei *Willow Creek* achtet man sehr darauf, dass eigentlich alle Mitarbeiter – insbesondere jene, die auf der Bühne stehen – engagierte Christen sind. Wir gehen da im *GoSpecial* anders vor. Und zwar vor allem aus drei Gründen. Erstens: Jeder im Team profitiert von dem »Duft der großen, weiten Welt«, den unsere nichtchristlichen Mitarbeiter einbringen, ganz zu schweigen von ihrer oft sehr hohen Qualifikation und ihren erfrischend unfrommen Ansichten. Zweitens habe ich den Eindruck, dass sich das kirchendistanzierte Publikum leichter mit unserer Arbeit identifiziert, wenn sie nicht nur gestandene (und manchmal auch ein wenig abgestandene) Fromme auf der Bühne sehen, sondern auch ihresgleichen. Und drittens schätzen unsere nichtchristlichen Mitarbeiter die Zusammenarbeit und die Gemeinschaft in einem Team, das aus Christen und Nichtchristen zusammengesetzt ist. Dadurch werden sie nicht nur mit geistlichen Themen, sondern auch mit der christlichen Lebensart konfrontiert, setzen sich damit auseinander und kommen in vielen Fällen so Gott näher. Viele dieser ehemals nichtchristlichen Mitarbeiter sind jetzt Christen und engagierte Glieder unserer Gemeinde.

Der Kirchenvater Cyprian wurde einmal gefragt, was er machen würde, um einen Menschen zum Glauben zu führen. Er antwortete: »Ich würde ihn eine Zeit lang bei mir zu Hause wohnen lassen.« Es gibt wohl kaum eine wirkungsvollere Evangelisationsmethode. Da, wo Christen, die ihren Glauben wirklich leben, ihre Zeit mit Nichtchristen verbringen und mit ihnen zusammenarbeiten, spüren die Menschen die Kraft des Heiligen Geistes am eigenen Leib. Im Lukas-Evangelium, Kapitel 5, wird uns berichtet, wie Jesus einen Fischer namens Petrus in die Mitarbeit einbezieht (Vers 3), bevor dieser überhaupt zum Glauben gekommen ist. Wahrscheinlich sind die meisten Jünger Jesu genauso zum Glauben gekommen: Sie hörten den Ruf: »Komm und sieh!«, lebten eine Weile lang mit Jesus zusammen, und erst im Laufe dieses Prozesses erkannten sie langsam und bruchstückhaft, dass er der Messias, der Sohn Gottes war.

Allen unseren Mitarbeitern ist klar, welche Ziele wir verfolgen und dass diese Ziele nicht zur Disposition stehen. Und wir staunen manchmal darüber, wie viele Menschen bereit sind, sich auf diese Voraussetzungen einzulassen! Solange das so ist und wir bei allem, was wir tun wollen, authentisch bleiben können, sehen wir keinen Grund, sie von einer Mitarbeit auszuschließen. Zu ihrer eigenen Zeit werden sie den für sie wichtigen nächsten Schritt auf Gott zugehen, dann wollen wir da sein und sie als Freunde auf ihrem Weg begleiten.

Bei *GoSpecial* geht es nicht nur um eine neue Gottesdienstform. Moderne Gottesdienste hat es auch in den 60er und 70er Jahren genug gegeben, aber davon ist nicht sehr viel übrig geblieben. Es geht uns um einen missionarischen Gemeindeaufbau und eine ganzheitliche, nachhaltige und natürliche Gemeindeentwicklung.

Nun haben Sie bei den vielen Idealen und auch durch all das, was sich davon bereits umsetzen ließ, vielleicht das Gefühl bekommen, dass so etwas in Ihrer Gemeinde sicher nicht zu bewältigen ist. Warum sollten Sie über Nacharbeit nachdenken, bevor auch nur ein Hauch von Vorarbeit getan ist? Wenn das Ihre Gedanken sind, dann erinnern Sie sich daran, was sich bei uns – dank des »Vakuum-Prinzips« – aus ganz kleinen Anfängen entwickelt hat. Wichtig ist: Bei Gott ist alles möglich. Man muss es nur zulassen. Damit Sie einen kleinen Ratgeber für die »Kunst des Anfangens« in die Hand bekommen, werden im nächsten Kapitel all die Prozesse beschrieben, die wir als wegweisend und konstruktiv erlebt haben.

Kapitel 6

Aller Anfang ist leicht-sinnig

Zehn Schritte vom Traum zur Umsetzung

Hier erfahren Sie ganz konkret, wie Sie in Ihrer Gemeinde Träume wahr werden lassen können. Gerade bei größeren Neuerungen wie dem Aufbau eines Sucher-orientierten Gottesdienstes müssen in der Kirche viele Ängste berücksichtigt, Gremien überzeugt und motivierte Mitstreiter gefunden werden. Damit Ihre Vision die ersten Hürden unbeschadet überwindet, plaudern die Go-Special-Leiter ein bisschen aus dem Nähkästchen.

Sobald Sie spüren, dass Ihre Sehnsüchte sich zu einem richtigen Traum verdichten, sollten Sie auch anfangen, an seiner Verwirklichung zu arbeiten. Mutig, konsequent, aber auch betend und hoffend. Das wird Ihnen dabei helfen:

1. Gewinnen Sie die Schlüsselmitarbeiter Ihrer Gemeinde für Ihren Traum!

Wenn Sie einen Gottesdienst für Kirchendistanzierte anbieten, dann werden Sie unglaublich viel Schönes erleben, aber Sie können auf der anderen Seite auch so viel Ärger bekommen, dass Sie besser frühzeitig dafür Sorge tragen sollten, möglichst viele Ihrer Schlüsselmitarbeiter und aktiven Gemeindeglieder mit »an Bord« zu haben. Warten Sie nicht, bis Sie auch das letzte Gemeindeglied für Ihr Anliegen gewonnen haben – das erreichen Sie nie –, aber gewinnen Sie möglichst viele Leute aus der Mitte der Gemeinde für Ihre Vision!

Machen Sie sich bewusst: Die Einführung eines Sucher-orientierten Gottesdienstes wird Ihre ganze Gemeinde von Grund auf verändern. Eine Atmosphäre aufzubauen, in der Menschen, die auf der Suche sind, sich wohl fühlen, bedeutet für die angestammte Gemeinde in vielerlei Hinsicht, auf eigene Vorlieben, Gewohnheiten und Traditionen zu verzichten. Darum ist es ein Zeichen erheblicher, geistlicher Reife einer Gemeinde, wenn sich die Mehrzahl der Gemeindeglieder ernsthaft auf Suchende einlässt. Kirche für Kirchendistanzierte zu sein, bedeutet einen spürbaren Verlust an Bequemlichkeit, und nicht jeder ist bereit, diesen Preis zu zahlen, nur damit irgendwelche »dahergelaufenen« Nichtchristen bekehrt werden und sich bei uns wohl fühlen. Auch wenn Sie zutiefst davon überzeugt sind, dass dies Aufgabe der Gemeinde ist: Sagen Sie das mal einem normalen deutschen Kirchenvorstand!

Als ich mit meinem Traum von einem Sucher-Gottesdienst aus Chicago nach Hause kam, dauerte es zwei Jahre, bis wir *GoSpecial* aus der Taufe hoben. Bis zu diesem Tag habe ich versucht, meinen Traum in die Herzen der Menschen bei uns zu Hause zu pflanzen. Ich sehe darin eine, wenn nicht die wesentliche Aufgabe des Gemeindepastors: einen Traum zu haben, diesen Traum so zu kommunizieren, dass andere ihn mitträumen und dafür Sorge zu tragen, dass der Traum nicht nur ein Traum bleibt, sondern Schritt für Schritt in die Realität umgesetzt wird. Deswegen habe ich damals viele, viele Gespräche geführt, Vorträge gehalten, ein *Willow Creek*-Video-Seminar durchgeführt, ich habe in Predigten auf die Notwendigkeit der Evangelisation hingewiesen, Briefe geschrieben usw. – das alles mit dem Ziel, unseren Kirchenvorstand und die Schlüsselmitarbeiter unserer Gemeinde und möglichst viele aktive Gemeindeglieder für diese Vision zu gewinnen. Meine Erfahrung ist: Jede Stunde, die Sie hier im Vorfeld investieren, spart Ihnen später fünf Stunden mühevoller und leider oft auch ergebnisloser Auseinandersetzung.

2. Wecken Sie in Ihrer Gemeinde das Bewusstsein für Evangelisation

Der einzige Schlüssel für eine derart weitgehende Arbeit mit Kirchendistanzierten ist die Liebe zu den Menschen, die ohne Gott leben! Ohne diese Liebe werden Sie bei dieser Aufgabe scheitern. Gottesdienste für Kirchendistanzierte anzubieten ist anstrengend: Da sind zum einen die hohen Qualitätsanforderungen, die ein solcher Gottesdienst mit sich bringt, da sind die oft entnervenden Auseinandersetzungen mit kirchlichen Insidern, die einen immer wieder darauf hinweisen, wie wenig ihnen diese Gottesdienste gefallen, ja, dass es im Grunde genommen gar keine richtigen Gottesdienste seien, sondern »alles nur Show« usw. Da sind Spannungen im Mitarbeiterbereich, die bei so viel kreativem Chaos und so vielen Unterteams nicht immer zu vermeiden sind, und da sind natürlich die vielen Erwartungen, die mit einer Veranstaltung wie *GoSpecial* bei der Zielgruppe geweckt werden und die erfüllt werden wollen usw.

Ihre Leute werden das nicht durchhalten, wenn es nicht Liebe ist, die sie treibt. Wenn es Ihnen und Ihren Leuten lediglich darum geht, »die Bude voll« zu kriegen, ist das einfach zu wenig. Natürlich hat eine volle Kirche etwas ungeheuer Befriedigendes. Aber daraus gewinnen Sie nicht genügend Kraft, um diese Arbeit auf Dauer durchzustehen. Wo die Liebe nicht vorhanden ist, wird sich eine Gemeinde auch nicht ernsthaft auf Außenstehende einlassen. Kirchendistanzierte merken aber sehr schnell, ob man wirklich sie meint oder ob man sie nur als Mittel zum Zweck einer volleren Kirche missbraucht. Der in *Willow Creek* am häufigsten zitierte Satz ist: »Du bist uns wichtig, denn du bist Gott wichtig« (*You matter to us because you matter to God*). Ich glaube, dass man Gottesdienste für Kirchendistanzierte nur dort ernsthaft anbieten kann, wo ein qualifiziert großer Anteil der Gemeindeglieder eine solche Einstellung Nichtchristen gegenüber hat. Wir versuchen in unserer Gemeinde deswegen seit Jahren, die Liebe für Menschen zu wecken, die in Gefahr sind, verloren zu gehen, und diese Liebe mit evangelistischem Know-how zu verbinden.

Besonders wichtig ist uns in diesem Zusammenhang, unsere Gemeindeglieder in Grundkursen für persönliche Evangelisation sprachfähig zu machen, so dass sie in der Lage sind, den Kern des Evangeliums sowie die Bedeutung des Glaubens für ihr persönliches Leben in wenigen Worten auf den Punkt zu bringen. Wir sind noch weit davon entfernt, aber unser langfristiges Ziel ist es, dass jedes Glied der aktiven Kerngemeinde (das sind die regelmäßigen Gottesdienstbesucher, Hauskreisteilnehmer und Mitarbeiter) – auch wenn es nicht die Gabe der Evangelisation hat – willens und in der Lage sein soll, einen Menschen, der dafür offen ist und danach fragt, zu Christus zu führen.

3. Suchen Sie sich einen Stab von geeigneten Mitarbeitern

Suchen Sie sich in der Zeit, in der Sie in Ihrer Gemeinde ein allgemeines Bewusstsein für Evangelisation wecken, einen Stab von Mitarbeitern, die ein brennendes Herz dafür haben, dass Außenstehende von der lebensverändernden Kraft der Liebe Gottes erreicht werden. Das ist das erste und wichtigste Kriterium für Ihre Kerngruppe, mit der Sie diese Gottesdienste durchführen wollen. Wenn Sie die am Ende des 2. Kapitels vorgeschlagene Fragebogenaktion unter Ihren Gemeindegliedern gemacht haben, sprechen Sie alle daraufhin an, die mehr als 26 Punkte bekommen haben. Gehen Sie von mindestens 15 Leuten aus, die Sie für einen gelungenen Start brauchen. Bei uns gruppierte sich um diesen Kern sehr bald ein Kreis aus rund 25 Leuten.

Jetzt, nach drei Jahren, liegt die Anzahl der Mitarbeiter von *GoSpecial* bei rund 100 (und wir haben damit immer noch bei weitem nicht genug).

Ein brennendes Herz war uns das wichtigste, allerdings nicht das einzige Kriterium für die Mitarbeit im Zentrum von *GoSpecial*. Wir haben – den Prämissen von *Willow Creek* entsprechend – fernerhin darauf geachtet, Menschen mit einer ausgesprochen hohen Begabung anzusprechen, von denen wir erwarten konnten, dass sie diese auch gerne einbringen. Es ist uns wichtig, dass jeder einzelne Mitarbeiter von *GoSpecial* qualitativ Hochwertiges leistet. Nicht nur, weil Qualität Gott ehrt, sondern ganz einfach, weil die Nichtchristen, die wir erreichen wollen, aus ihrem Beruf, aus der Werbung, aus Unterhaltungsveranstaltungen, aus Schaufenstern und aus allen möglichen Lebensbereichen eine sehr viel höhere Qualität gewöhnt sind, als man sie sonst oft in der Kirche vorfindet. Sie werden von unseren Veranstaltungen nicht angesprochen werden, solange diese nur gut gemeint, aber nicht wirklich gut gemacht sind. Darum wird *GoSpecial* von Mitarbeitern getragen, von denen jeder für seine Aufgabe hervorragend qualifiziert ist. (Mittlerweile arbeiten wir in allen Gemeindebereichen nach diesem Prinzip der »Gabenorientierung«, wie wir das nennen, aber damals war das bei uns noch ziemlich neu.) Das dritte Kriterium, dem sich alle unsere Mitarbeiter stellen mussten, war eine außerordentlich hohe Einsatzbereitschaft. Alle Mitarbeiter unseres Anfangsteams waren bereit, sehr viel mehr in diese Arbeit hinein zu investieren als das, was man normalerweise erwarten kann.

4. Verändern Sie bereits im Vorfeld eines Sucher-orientierten Gottesdienstes Ihren bereits existierenden Gottesdienst Schritt für Schritt auf Sucher-sensible Elemente hin

Ein Sucher-orientierter Gottesdienst ohne tragende Gemeinde im Hintergrund ist eine isolierte Veranstaltung, die frei im Raum schwebt und deren frühzeitiger Absturz bereits vorprogrammiert ist. Darum: Arbeiten Sie möglichst frühzeitig an einer geeigneten gemeindlichen Binnenstruktur für Ihre Sucher-Gottesdienste. Es genügt nicht, einmal im Monat oder auch einmal pro Woche eine große Veranstaltung durchzuführen, und dazwischen ist nichts. Vielmehr müssen Sie Strukturen schaffen, die diese Arbeit auf die übrige Gemeindearbeit hinordnen: Sucher-Kleingruppen, Evangelisationswochen, Gemeindeseminare, Predigtreihen im Normalgottesdienst, die auch für Suchende interessant sind etc. Mehr darüber können Sie im 7. Kapitel dieses Buches nachlesen.

In diesem Zusammenhang gehört mit zum Wichtigsten die bereits früher erwähnte Sorge um den »normalen« Gottesdienst. Er wird zunehmend Sucher-sensibel werden müssen. Sonst haben Sie kein weiterführendes gottesdienstliches Angebot, in dem sich ein Mensch wohl fühlen könnte, der über einen Sucher-orientierten Gottesdienst zum Glauben gekommen ist. Mit den Worten des Paulus ausgedrückt: Sie bieten den Menschen in einem »Sucher-Gottesdienst«

»Milch« an; die »feste Speise«, mit der sie im Glauben wachsen und stark werden könnten, sollten sie sich dann im normalen Gottesdienst holen. Doch wie auch beim Baby darf der Übergang von »Milch« zu »fester Nahrung« nicht zu abrupt erfolgen, sonst kommt den Suchenden ebenfalls alles wieder hoch. Der Normalgottesdienst muss Einstiegsmöglichkeiten auch für Menschen bieten, die über einen Gottesdienst wie *GoSpecial* gewonnen wurden.

5. Legen Sie eine Zielgruppe fest, für die Sie Ihr »Zweites Programm« ausrichten wollen

Diese Zielgruppe müssen Sie nicht öffentlich beim Namen nennen, schließlich soll sich niemand ausgeladen fühlen. Aber Sie sollten die Gestaltung Ihres Gottesdienstes auf diese Zielgruppe hin ausrichten. Bei ihrer Festlegung sollten Sie sich vor allem von zwei Fragen leiten lassen:

Erstens: Was für Menschen wohnen bei Ihnen vor Ort?
Wohnen Sie in einer städtischen oder in einer eher ländlichen Gegend? Haben Sie einen hohen Anteil an Senioren oder überwiegend junge Familien? Gibt es bei Ihnen am Ort viele Akademiker, Fabrikarbeiter oder Arbeitslose? Die Zusammensetzung der Bevölkerung vor Ort sagt sehr viel darüber aus, in welche Richtung Ihr Gottesdienst für Kirchendistanzierte zielen sollte.

Zweitens: Wie ist Ihr Mitarbeiterteam zusammengesetzt?
Ihr Angebot muss zu dem vorhandenen Mitarbeiterteam passen, denn Sie können im Normalfall nicht erwarten, dass ein Team aus vorwiegend älteren Menschen einen regelmäßigen Gottesdienst für die Generation X (zwischen 20 und 30 Jahren) anbietet oder umgekehrt. Ihr Gottesdienst muss sich auch ein ganzes Stück daran orientieren, für was das Herz Ihrer Mitarbeiter schlägt und welche Gaben bei ihnen vorhanden sind.

Die Festlegung einer Zielgruppe ist eine heikle Angelegenheit. Wie bereits früher gesagt: *Jeder* Gottesdienst ist im Grunde eine Zielgruppenveranstaltung, aber wehe, jemand nennt das offen beim Namen und *benennt* eine konkrete Zielgruppe. Dann ist der Ärger in aller Regel groß. Doch ein Jäger, der gleichzeitig auf zwei Hasen zielt, wird höchstwahrscheinlich keinen von beiden treffen. Stellen Sie sich einen Musiksender vor, der in der wohlmeinenden Absicht, eine möglichst große Hörerschaft anzusprechen, eine bunte Mischung aus Jazz, Pop, Opernarien, Heavy Metal und bayrischer Volksmusik spielt. Der Sender würde in seinem Bemühen, es allen recht zu machen und eine möglichst breite Bevölkerungsschicht anzusprechen, wahrscheinlich das genaue Gegenteil erreichen und sämtliche Hörer verprellen. Die viel gehörten Radiosender haben ihr klares Profil. Sie stellen sich auf eine Zielgruppe ein und bieten ein für diese Zielgruppe ausgerichtetes Programm. Dabei wird keiner ausgegrenzt: Jeder, dem diese Musik gefällt, darf den Sender herzlich gerne auch einschalten, auch wenn er nicht zur ins Auge gefassten Zielgruppe gehört.

In ähnlicher Weise ist in unseren Gottesdiensten für Kirchendistanzierte natürlich jeder herzlich eingeladen, der sich dort wohl fühlt, aber die Gestaltung haben wir bei uns sehr stark auf das Lebensgefühl von Kirchendistanzierten im Alter von 25–45 abgestimmt. Diese Altersschicht ist sowohl in unserem Ort als auch in unserem Mitarbeiterteam breit vertreten.

6. Erkunden Sie in einer Umfrage die Bedürfnisse und Interessen Ihrer Zielgruppe. Menschen, die einen Gottesdienst besuchen, haben sowohl geistliche als auch kulturelle Bedürfnisse

Wenn Sie wissen wollen, was die geistlichen Bedürfnisse der Menschen sind, müssen Sie in die Bibel schauen. Wenn Sie hingegen wissen wollen, was ihre kulturellen Bedürfnisse sind, müssen Sie die Leute fragen. Ich denke, es ist eine große Gefahr, dass wir manchmal meinen, wir wüssten schon, wo die Bedürfnisse kirchendistanzierter Menschen lägen. In manchen Fällen mögen wir recht haben, in vielen Fällen werden wir falsch liegen. Darum sollten wir in unsere Zielgruppe nicht irgendwelche Fragen und Bedürfnisse hineinprojizieren, sondern wir sollten sie fragen. Darum haben wir ein halbes Jahr vor dem Start unseres *GoSpecials* eine Umfrage bei den Menschen in unserer Gemeinde durchgeführt. Wir entwickelten einen sehr ausführlichen Fragebogen, der bei uns offen auslag, teilweise in die Briefkästen oder beispielsweise an die Konfirmandeneltern verteilt wurde, und vor allem gaben wir jedem Gottesdienstbesucher fünf solcher Fragebögen mit unter der Maßgabe: »Gebt die Bögen an die Menschen zum Ausfüllen weiter, die ihr in näherer Zukunft gerne in der Gemeinde sehen würdet.« (Sie finden diesen Fragebogen am Ende des Buches.) Selbstverständlich können, ja *sollten* Sie ihn auf Ihre Bedürfnisse hin modifizieren.

Die Ergebnisse unserer Umfrage zu kommentieren würde den Rahmen dieses Buches sprengen. Es hätte auch wenig Sinn, denn in Ihrer Gemeinde würde die gleiche Umfrage sehr wahrscheinlich ganz andere Ergebnisse zu Tage fördern. Bemerkenswert schienen mir lediglich drei Ergebnisse, die wohl auf die meisten Gemeinden zutreffen:

1. *Die Menschen in unserem angeblich so gottlosen Land sind religiös hochgradig offen und interessiert.* Sie trauen der Kirche aber nicht zu, eine Antwort auf ihre diesbezüglichen Fragen und Bedürfnisse zu haben.
2. *Nahezu alle genannten Barrieren, die die Menschen, die unseren Fragebogen ausfüllten, davon abhielten, in die Kirche zu gehen, hatten keine Begründung in dem, was die Bibel sagt.* Es sind nicht die zentralen Inhalte des Evangeliums, an denen sich die Menschen stoßen, sondern die Art seiner Präsentation und sehr stark auch die mangelnde Ausstrahlung seiner Repräsentanten.

3. *Ganz offensichtlich haben kirchliche Insider (zu denen zählen wir alle, die mindestens einmal im Monat zur Kirche gehen) völlig andere kulturelle Bedürfnisse als Kirchendistanzierte.*

Sie hören andere Radiosender, haben einen anderen Musikgeschmack und teilweise völlig andere Erwartungen, wenn sie einen Gottesdienst besuchen. Spätestens nach dieser Umfrage war uns klar, dass der Gottesdienst, den wir für Kirchendistanzierte zu entwickeln im Begriff waren, vielen kirchlichen Insidern ganz und gar nicht gefallen würde.

7. Teilen Sie Ihren Mitarbeiterstab entsprechend ihrer Gaben und Interessen in Teams ein

Wir haben Ihnen in Kapitel 4 die einzelnen Arbeitsbereiche von *GoSpecial* bereits ausführlich vorgestellt. Im Folgenden finden Sie aufgeführt, mit welchen Teams wir angefangen haben. Sie sind im Grunde das Herz der großen Organisation:

Das **Leitungsteam** • das **Musikteam** • das **Technikteam** • das **Kreativteam** • das **Team für Raumgestaltung, Begrüßung und Bewirtung** • das **Team für Bücher- und Infotisch** • das **Team für Öffentlichkeitsarbeit** • das **Kinderteam** • das **Gebets- und Seelsorgeteam**.

8. Sorgen Sie im Mitarbeiterkreis für eine hohe Kultur liebevoll-kritischen Umgangs miteinander

Eines unserer größten Anliegen ist es, mit unserem Gottesdienst ständig am Puls unserer Zielgruppe zu bleiben und ihn ständig zu optimieren. In unserer schnell-lebigen Zeit ist nichts so tückisch wie der Erfolg von heute. Erfolg macht träge: Er lässt einen denken, man brauche nichts mehr dazuzulernen. Und das ist im Allgemeinen der Anfang vom

Ende. Ein Rücklauf von 100–200 Feedback-Zetteln pro Gottesdienst ist uns eine große Hilfe, hier »auf Spur« zu bleiben. Zwei Tage nach jedem *GoSpecial* liegt uns eine ausführliche Computeranalyse vor, die uns deutlich vor Augen führt, wenn wir einen Gottesdienst »in den Sand gesetzt« haben (jawohl, das passiert leider häufig genug!). Doch das Problem ist sehr oft, dass ein solches Feedback nicht immer eindeutig ist. Selbst eine schlechte Predigt findet irgendjemanden, der sie gut findet, und umgekehrt. Ist man bei der Auswertung auf sich alleine gestellt, liegt die Versuchung nahe, sich die Antwort herauszupicken, die einem am besten gefällt. Anders, wenn man im Team verabredet hat, sich liebevoll, aber um der Sache willen, gegenseitig deutlich anzusprechen. Wenn sich an unseren Gottesdiensten auch nur irgendetwas positiv verändern soll, dann müssen Schwachpunkte offen angesprochen werden können.

Ich erlebe unsere Sitzungen manchmal mit einer Mischung aus Staunen und Ehrfurcht. Es ist wirklich erstaunlich, was man sich dort sagen und was man sich dort anhören kann! Wie das möglich ist? Weil wir das am Anfang so vereinbart haben, dass wir an dieser Stelle ganz offen sein wollen und Kritik in einem Geist der Liebe aussprechen wollen. Nicht, dass uns das fehlerfrei gelingt (manchmal geht es bei uns auch ganz schön heiß her), aber ich mache immer wieder diese Erfahrung, dass es möglich ist. Was ist das Geheimnis einer Kritik, die wirklich heilsam ist? Fünf Dinge sind dabei wichtig:

1. Die Kritik sollte in Liebe geäußert werden. Ich habe die Gewissheit: Im *GoSpecial*-Team sind Leute, die mich lieben. Und weil ich das weiß, kann ich mir ihre Kritik anhören.
2. Derjenige, der Kritik äußert, versucht, den anderen zu verstehen und ihm eine »Brücke« zu bauen und ihm konkrete Hilfen anzubieten (ohne zu fordern, dass diese Hilfen unbedingt angenommen werden).

3. Man teilt die gleiche Grundlage. Kritik redet prinzipiell dann aneinander vorbei, wenn zwei Leute etwas völlig Unterschiedliches wollen. Darum ist wichtig zu wissen: Hier geht es allen um die gleiche Sache, nämlich um die Sache Jesu, und wir sind auch weitgehend einig darüber, worin diese »Sache Jesu« besteht.

4. Wir räumen dem Gelingen der Sache Jesu eine höhere Priorität ein als der Pflege des eigenen Egos. Es geht nicht darum, unser persönliches Süppchen zu kochen und dabei möglichst wenig Kritik abzubekommen, sondern darum, Menschen für Gott zu gewinnen.

5. Im Mitarbeiterkreis sollte neben der hier thematisierten negativen vor allem viel, viel positive Kritik geäußert werden! Unsere (freilich nicht immer eingehaltene) Faustregel lautet: Äußern Sie mindestens viermal so viel positive wie negative Kritik. In *Willow Creek* beträgt das angestrebte Verhältnis zwischen positiver und negativer Kritik sogar neun zu eins. In einem solchen Klima akzeptiert man negative Kritik viel leichter.

9. Lassen Sie sich von gelungenen Sucher-Gottesdiensten in anderen Gemeinden inspirieren

Sie müssen dazu nicht in die USA fliegen. Zwar waren sämtliche Mitglieder unseres Leitungsteams in *Willow Creek*, aber es gibt auch in Deutschland gute Modelle. In der Phase des Aufbaus unseres Mitarbeiterteams sind wir mit versammelter Mannschaft beispielsweise zur OASE nach Giengen gefahren, die – in ähnlicher Weise, wie wir das jetzt auch mittlerweile tun – mehrmals im Jahr Einführungsnachmittage anbieten, wie sie ihren Gottesdienst aufbauen und organisieren. (Sie können bei uns mit der schon erwähnten Karte im Anhang ein nach Postleitzahlen geordnetes Verzeichnis von Sucher-orientierten Gottesdiensten in Deutschland bestellen). Diese Gottesdienste sind teilweise völlig verschieden geartet, und das ist auch gut so!

Sucher-orientierte Gottesdienste laufen nicht nach einem festen Schema ab. Ihre Gestalt hängt davon ab, welche Voraussetzungen und welche Mitarbeiter Sie haben, und vor allem natürlich, wie die Menschen strukturiert sind, die bei Ihnen wohnen.

Was für South Barrington bei Chicago gut ist, muss nicht unbedingt gut sein für Niederhöchstadt bei Frankfurt. Was für Niederhöchstadt bei Frankfurt gut ist, muss nicht unbedingt gut für den Osten Deutschlands oder für irgendeine ländliche Gemeinde sein. Egal, welchen Sucher-orientierten Gottesdienst Sie besuchen: Sie werden immer Dinge finden, die Sie übernehmen können, und andere, die Sie nicht übernehmen können. Also: Fahren Sie hin, unterhalten Sie sich mit den Leuten, lernen Sie von ihren Stärken und auch von ihren Fehlern. Bei der OASE, von der wir sehr viel gelernt haben, gab es auch einige Dinge, von denen wir sagten: »So werden wir es nie machen!« Das Gleiche erwarten wir von Ihnen, wenn Sie uns besuchen. Kopieren Sie uns – oder irgendeine andere Gemeinde – bloß nicht im Maßstab eins zu eins! Dann machen Sie mit großer Sicherheit einen Fehler. Aber lassen Sie sich inspirieren. Manche Dinge muss man gesehen (und nicht nur gelesen) haben, damit sie wirklich zu einer Vision werden können.

Und bitte: Lassen Sie sich von gut gelungenen Gottesdiensten nie entmutigen! Wir erleben es relativ häufig, dass uns Leute aus anderen Gemeinden besuchen und sagen: »Das schaffen wir nie. Ihr habt ja so viel bessere Voraussetzungen. Wir haben nicht so viele gute Musiker und nicht ein so tolles Theaterteam – bei uns hat es keinen Sinn, überhaupt anzufangen.« Wenn Sie wüssten, wie wir angefangen haben! Wie peinlich schlecht meine erste Predigt in *GoSpecial* war (ich versuchte, in 20 Minuten alles hineinzupacken, was ich schon immer mal sagen wollte), wie kläglich zum Teil unsere ersten musikalischen Versuche oder unsere anfänglichen kreativen Darbietungen waren! Und wissen Sie was? Gott hat es so gesegnet! Weil wir nämlich alle unser persönlich Bestes gaben und unser Herz brannte! Für den Rest kam Er auf, und wir sind heute ein ordentliches Stück weiter, eine Tatsache, die Sie bei einem eventuellen Besuch bei uns nicht ent-, sondern eher ermutigen sollte.

10. Starten Sie beherzt!

Wenn es nach unserer Selbsteinschätzung gegangen wäre, hätten wir nie den Anfang gewagt, sondern würden heute immer noch proben und auf den Tag warten, an dem wir uns stark genug fühlen anzufangen. Das Gefühl: »Der Schuh, den wir uns anziehen, ist viel zu groß« begleitet uns seit dem ersten Tag. Mittlerweile sind wir der Meinung, dass das Gottes Art ist zu wirken. Wenn wir nur Dinge machen, die wir beherrschen, dann arbeiten wir aus eigener Kraft. Dann kann Gottes Kraft gar nicht in uns und unter uns zur Entfaltung kommen. Darum – und das gilt nicht nur für Gottesdienste für Kirchendistanzierte, sondern für nahezu jede Mitarbeit – verlangt Gott immer ein bisschen mehr, als wir von uns aus leisten können: Wann ist man jemals so »fit«, dass man sein erstes Glaubensgespräch führen könnte? Wann weiß man genug, um einen Bibelkreis zu leiten? Wann ist ein Team so weit, dass es die Aufgabe anpacken kann, einen Gottesdienst für Kirchendistanzierte anzubieten? Die Antwort lautet in all diesen Fragen: Wenn Sie auf sich selbst blicken, nie! Darum müssen Sie sich irgendwann einmal einen Stoß geben (oder geben lassen) und beherzt anfangen! Und damit rechnen, dass die ersten Versuche »in die Hose« gehen. Warum sollte auch ein Gottesdienst für Kirchendistanzierte das Einzige auf der Welt sein, was gleich auf Anhieb fehlerfrei funktioniert, ohne dass man üben muss!

Dabei ist es wichtig, dass Sie sich von vornherein auf Ihre Stärken konzentrieren. Wenn Sie einige ausgezeichnete Mitarbeiter in der Kinderarbeit haben, dann machen Sie die Kinderarbeit zum Markenzeichen Ihres Programms. Wenn Ihre Stärke in der Musik liegt, geben Sie Ihrem Gottesdienst einen stark musikalischen Charakter. Konzentrieren Sie sich auf die Dinge, die Sie wirklich gut können. Und was Sie nicht wirklich gut können, lassen Sie zunächst einmal sein! Wenn Sie keine geeigneten Leute für das Kreativteam haben, arbeiten Sie zunächst ohne Kreativelemente. Wenn Sie nicht die geeigneten Musiker haben, arbeiten Sie mit Playback-CDs oder einem Minimum an Live-Musik. Gott wird Ihnen im Lauf der Zeit die geeigneten Leute zuführen, um Ihr Angebot auszubauen.

Wenn Sie zunächst nur die Leute für ein monatliches statt für ein wöchentliches Angebot haben, ist das okay. So arbeiten wir bis auf den heutigen Tag. Eine monatliche, qualitativ hochwertige Veranstaltung ist besser als ein wöchentliches, qualitativ minderwertiges Angebot. Ihr Angebot kann ruhig klein, aber es sollte *fein* sein. Versuchen Sie nicht krampfhaft, Ihre Schwächen auszumerzen, sondern konzentrieren Sie sich auf Ihre Stärken! Darum: Fangen Sie ruhig etwas kleiner an. Aber fangen Sie an!

Nur eines sollten Sie von Anfang an bedenken: Reden Sie mit den Menschen in Ihrer Gemeinde nicht nur über ein Projekt, nicht nur über einige neue Aufgaben oder ein faszinierendes Konzept. Setzten Sie alles in Beziehung zu dem Ganzen. Fragen Sie sich und andere, welche Theologie hinter den Ideen steht, was die Ziele sind, die Sie mit einem Neuanfang erreichen wollen, und was für ein Weg das ist, den Sie da wählen. Sonst bauen Sie Ihre Träume auf Sand. Da aber, wo Sie auf Fels, also auf der Liebe Jesu, aufbauen, brauchen Sie auch keine Angst vor der Verwirklichung Ihrer Träume zu haben.

Nun sollte man meinen, dass eigentlich jede Gemeinde wissen müsste, was ihre Basis ist. Das ist leider nicht der Fall. Das haben wir jedenfalls festgestellt – bei uns selbst. Und darum haben wir noch einmal gefragt: »Warum machen wir das eigentlich alles?« Das war vielleicht aufregend – und unsere Antwort finden Sie im nächsten Kapitel.

»… und was soll das Ganze?«

Auf der Suche nach einem
tragfähigen Gesamtkonzept

Jetzt wird es richtig theologisch. Sie können nämlich noch so intensiv über praktische Veränderungen nachdenken; eine wirklich tragfähige und funktionierende Gemeinde werden Sie nur dann aufbauen, wenn das geistliche Fundament und die Grundlagen der Arbeit geklärt sind. Und da, wo die Konzeption der Kirche zum Thema wird, entwickeln sich ohnehin sofort klare Aufgaben für die Zukunft. Hier stellen wir Ihnen unsere Gemeindeziele vor.

Vor einigen Monaten saß ich mit einigen Vikarinnen und Vikaren unserer Landeskirche zusammen. Es war der letzte Ausbildungstag in ihrem theologischen Seminar. Da unsere Gemeinde mittlerweile ziemlich bekannt ist für die recht ungewöhnlichen Wege, die sie beschreitet, war ich gebeten worden, mit den rund 15 Seminaristen über »Gemeinde-konzeptionen« zu sprechen.

Ich setzte mich an meinen Platz, holte meine Konzept-notizen heraus, schaute in die Runde und sagte: »Meine Damen und Herren, Sie haben jetzt rund sechs bis sieben Jahre lang studiert, Sie haben darüber hinaus fast andert-halb Jahre Vikariat hinter sich gebracht. Sie sind also in Theorie und Praxis ausgezeichnet ausgebildet. Was, wür-den Sie denn sagen, ist das Ziel Ihrer gemeindlichen Ar-beit?«

Fabian Vogt, der damals Vikar in unserer Gemeinde war, grinste. Ansonsten herrschte bleiernes Schweigen im Raum. Ich schaute abwartend in die Runde. »Interessante Frage«, sagte einer, »darüber müsste man sich mal unter-halten.« – »Ja,« sagte ein anderer, »darüber habe ich noch nie nachgedacht«.

Ich sagte: »Moment mal. Verstehe ich das richtig? Wol-len Sie mir sagen, dass Ihnen diese Frage in all diesen Jah-ren noch nie gestellt wurde?« – »Nee, diese Frage hat uns noch nie einer gestellt.« Jetzt war ich doch ziemlich fas-sungslos: »Das kann doch nicht wahr sein!« Doch es ist leider wahr: Sie können acht Jahre lang für den Beruf des Pastors ausgebildet werden, ohne dass auch nur ein Mensch Sie fragt, wozu Sie das überhaupt machen. Ge-schweige denn, dass Ihnen jemand eine Vorgabe gibt: »Da-für ist Gemeinde da!«

Wir haben an diesem Vormittag sehr leidenschaftlich diskutiert. Eine Vielfalt von Meinungen wurde dabei auf den Tisch gelegt: Den einen war es wichtig, den Betrieb möglichst reibungslos am Laufen zu halten. Andere hielten es für entscheidend, dass sich in einer Gemeinde die Leute wohl fühlen. Und wiederum andere waren sich darüber einig, dass man die ganze Frage so auf keinen Fall stellen dürfe.

Ich habe dann ein Bild entwickelt und gesagt: »Jetzt stellen Sie sich mal Folgendes vor: Sie haben gerade die Ausbildung zum Kapitän gemacht. Sie haben eine Anstellung bei einer großen Reederei gefunden und betreten mit Ihrem frischen Kapitänspatent stolz Ihr erstes eigenes Schiff. Da kommt unten ein Mann vorbei und fragt: ›Wo soll die Reise denn hingehen?‹ – Und Sie antworten: ›So darf man diese Frage nicht stellen.‹ Der Mann unten am Ufer hat aber scheinbar noch nie etwas von der Theologie der verbotenen Frage gehört, und darum schaut er Sie ziemlich verständnislos an. Darauf sagen Sie: ›Na ja, die Hauptsache ist doch, dass die Schiffsturbinen schön rund laufen und die Passagiere sich wohl fühlen.‹«

Was ich mit diesem Bild ausdrücken wollte, war: Wenn Pastoren keine klare Zielvorstellung haben, wo das »Schiff« hin soll, wenn sie ihre Gemeinden nur verwalten und die Turbinen irgendwie am Laufen halten und wenn sie nur darauf bedacht sind, dass sich die Leute bei ihnen wohl fühlen, dann tun sie ihrer Reederei einen Bärendienst, und sie tun auch den Leuten auf dem Schiff einen Bärendienst.

Denn erstens sind rundlaufende Turbinen kein sinnvolles Ziel. Eine Maschine oder auch eine Organisation, die nur dazu da ist, sich selbst am Laufen zu halten, ist reichlich absurd. Außerdem – und das ist das andere – ist es völlig illusorisch, dass sich *alle* auf einer Schiff-Fahrt wohl fühlen: Der eine möchte gern zum Nordkap, der andere zum Äquator fahren; der eine liebt eine möglichst schnelle Fahrt, der andere mag es eher gemächlich; der eine mag es gerne, wenn ständig Bordmusik aus den Lautsprechern dudelt, der andere möchte seine Ruhe haben. Natürlich kann der Kapitän versuchen, all diese verschiedenen Bedürfnisse unter einen Hut zu bringen. Aber es wird ihm letztlich nicht gelingen und irgendjemand ja wahrscheinlich sogar eine große Zahl – wird immer unzufrieden sein. Und vor allem wird die wichtigste Frage dann *immer noch nicht* beantwortet sein, nämlich: Wohin möchte eigentlich der *Besitzer* des Schiffes sein Schiff gesteuert wissen?

Zweifellos ist es ganz interessant, Meinungen darüber auszutauschen, wozu die christliche Gemeinde da ist. Die Frage ist aber, ob das wirklich in unser Belieben gestellt ist. Christliche Gemeinde hat ja nicht den Sinn, den *wir* ihr geben, sondern ihr Sinn und Zweck ist ja längst festgelegt durch den, der sie begründet hat. Es ist interessant und vielleicht von hohem Unterhaltungswert, welche Auffassungen unter der »Schiffsmannschaft« darüber herrschen, wohin das Schiff unterwegs und wofür es überhaupt da ist, aber eigentlich ist die Diskussion müßig: Die »Reederei« hat das Ziel schon längst festgelegt! Darum habe ich damals den Vikaren die Frage gestellt: »Was meinen Sie eigentlich, wo Jesus sein ›Schiff‹ hinhaben möchte? Was meinen Sie, welches Ziel Jesus mit seiner Gemeinde hat?«

Vielleicht fragen Sie: »Was hat das mit *GoSpecial* zu tun?« Sehr viel. In diesem Buch geht es im Wesentlichen um die ganz praktische Frage, wie man einen Gottesdienst für Kirchendistanzierte ins Leben ruft und am Leben erhält. Doch diese Frage steht in ganz engem Zusammenhang mit der anderen, in welchen gemeindlichen Kontext solch ein Gottesdienst gestellt werden soll. »Offene Gottesdienste« sind reizvoll und interessant, aber ihre Wirkung wird schnell verpuffen und ihre Lebensdauer nur sehr kurz sein, wenn das Gemeindekonzept, das hinter diesen Gottesdiensten steht, nicht stimmt.

In den 60er und 70er Jahren gab es eine Fülle von modernen Gottesdienstprojekten, die aber größtenteils wieder eingeschlafen sind, weil dahinter oft kein tragfähiges gemeindliches Gesamtkonzept stand. Darum ist es von entscheidender Wichtigkeit, eine Perspektive zu haben, worauf ein Gottesdienst wie *GoSpecial* letztlich hinzielt. Welches Bild von Gemeinde steht dahinter?

In dieser Frage kann man sich gar nicht eng genug an den Worten und Vorstellungen Jesu orientieren. Darum noch einmal die Frage: Wie hat Jesus Gemeinde gewollt?

Welches Ziel hatte Jesus mit seiner Gemeinde? Wozu ist die Gemeinde Jesu überhaupt da?

Man nähert sich der Antwort auf diese Frage vielleicht dadurch am besten, dass man nach den wichtigsten Geboten Jesu fragt. Ich habe in den verschiedensten Gemeinden und Gremien einmal die Frage gestellt: »Was, meinen Sie, sind die wichtigsten Gebote Jesu?« Dabei stellte sich heraus, dass es regelmäßig *zwei* Gebote waren, die gleich unter den ersten drei, vier Wortmeldungen genannt wurden:

Das eine ist das so genannte »Doppelgebot der Liebe«. Nach den Worten Jesu fasst dieses Doppelgebot den gesamten Willen Gottes, wie er im Alten Testament offenbart ist, zusammen. Wir finden dieses Gebot an verschiedenen Stellen im Neuen Testament, z. B. bei Matthäus:

> *»Du sollst den Herrn, deinen Gott, lieben von ganzem Herzen, von ganzer Seele, von allen Kräften und von ganzem Gemüt.‹ Dies ist das höchste und größte Gebot. Das andere aber ist dem gleich: ›Du sollst deinen Nächsten lieben wie dich selbst.‹«*
>
> Matthäus 22,37–39

Das andere ist der so genannte »Missionsbefehl«. Auch der Missionsbefehl findet sich – wenn auch in verschiedenen Versionen – mehrfach im Neuen Testament. Er beschreibt das Vermächtnis, sozusagen den »letzten Willen« des auferstandenen Jesus an seine Jünger. Am bekanntesten ist die Textfassung aus dem Matthäus-Evangelium:

> *»Gehet hin und machet zu Jüngern alle Völker: Taufet sie auf den Namen des Vaters und des Sohnes und des Heiligen Geistes und lehret sie halten alles, was ich euch befohlen habe.«*
>
> Matthäus 28,19–20

In diesen beiden Geboten ist zusammengefasst, was das dringendste und wichtigste Anliegen Jesu war. Alle anderen Weisungen Jesu lassen sich direkt oder indirekt auf diese beiden Gebote zurückführen. Wenn wir also die Frage stellen, was Jesus von seiner Gemeinde möchte, ist es hilfreich, sich auf diese beiden Gebote zu beziehen. Im Folgenden werde ich die beiden Gebote kurz Schritt für Schritt mit Ihnen durchgehen und daraus fünf zentrale Gemeindeziele ableiten. Ich werde am Ende des Kapitels versuchen, die fünf Gemeindeziele in eine sinnvolle Reihenfolge zu bringen, zunächst aber gehe ich einfach die beiden Sätze nacheinander durch.

1. Gemeindeziel: »Gott von ganzem Herzen lieben«

»Du sollst den Herrn, deinen Gott, lieben von ganzem Herzen, von ganzer Seele, von allen Kräften und von ganzem Gemüt.«
Der erste Teil des so genannten Doppelgebotes stammt gar nicht von Jesus, sondern ist Teil des alten jüdischen Glaubensbekenntnisses. Doch Jesus identifizierte sich mit diesem Satz und sah darin auch sein eigenes Anliegen im Kern zusammengefasst. Ich versuche einmal zu umschreiben, was dieser Satz aussagt: »Gott soll das Erste und das Letzte sein, was dich bewegt, was dich umtreibt und wofür du lebst. Gott soll der ›magnetische Berg‹ sein, auf den sich deine innere Kompassnadel immer wieder ausrichtet. Gott soll nicht nur der Notnagel für die schweren Zeiten deines Lebens sein, die Lebensversicherung für den Fall deines Todes, sondern Gott möchte dich durch das ganze Leben hindurch begleiten. Er möchte, dass du von ihm redest und mit ihm redest. Er möchte nicht nur zur ideologischen Untermauerung deiner persönlichen Ziele dienen, sondern auf deine Entscheidungen und Wege Einfluss nehmen, und zwar *nicht* als ein fremder Herrscher oder Tyrann. Sondern Gott liebt dich und du sollst Gott lieben. Mit

136

Worten und mit Taten. Gott möchte die Liebe deines Lebens sein.«

Die Gemeinde Jesu hat den Auftrag, Menschen dazu zu verhelfen, diese Liebe zu entdecken, zu entfachen, auszubilden und zu intensivieren. **Ziel aller Gemeindearbeit muss letztlich immer sein, dass Menschen beginnen, Gott von ganzem Herzen zu lieben.**

Diese Liebe zu Gott äußert sich vor allen Dingen in der **Anbetung.** Vielleicht haben Sie Probleme mit dieser Aussage. Doch überlegen Sie einmal: Worin äußert sich bei uns die Liebe zu einem anderen Menschen? Doch darin, dass wir viel Zeit mit ihm verbringen, seine Gegenwart genießen, ihm zuhören und uns ihm mitteilen und dass wir ihm gegenüber unsere Liebe in Worten und Taten ausdrücken. Ich denke, dass das mit der Liebe zu Gott nicht viel anders ist. Manche Theologen behaupten, die Gottesliebe gehe völlig in der Nächstenliebe auf, aber das wäre so, als würde ich sagen: »Die Liebe zu meiner Frau geht in der Liebe zu meinen Kindern auf.« Das stimmt einfach nicht und darf auch nicht stimmen. Genauso wenig darf man behaupten, unsere Gottesliebe äußere sich allein darin, dass wir gute Taten tun. Um noch einmal die Analogie zur Ehe zu gebrauchen: Die Liebe eines Mannes zu seiner Frau darf sich nicht darin erschöpfen, dass er das Geld verdient oder die Hausarbeit macht. Die Liebe braucht darüber hinaus das gemeinsame Gespräch und Liebeserklärungen oder auch Zeiten, in denen man schweigend zusammensitzt und sich an der Gegenwart des anderen freut. Denken Sie an die Geschichte von Maria und Marta (vgl. Lukas 10,38 ff.): Wie verausgabt sich Marta dort in Aktivitäten für Jesus! Wenn man diesen Text liest, hört man förmlich die Kochtöpfe klappern und den Staubsauger summen. Maria aber setzt sich Jesus zu Füßen und hört ihm einfach nur zu. Sie sucht und pflegt die Gemeinschaft mit ihm, sie »himmelt ihn an«, und Jesus attestiert ihr, dass sie damit »das bessere Teil erwählt« hat und dass sie ihm damit die größere Freude gemacht hat.

Gott sucht nicht nur unsere Taten, er sucht unsere Anbetung. Anbetung heißt: Gott um seiner selbst willen lieben und ihm das sagen und zeigen. Anbetung ist das Einzige, was wir Gott geben können, was er sich nicht selbst geben kann. Ein Blick in die Konkordanz kann uns die Augen darüber öffnen, welch hohen Stellenwert die Anbetung sowohl in der Heilsgeschichte als auch in der Weltgeschichte spielt: Anbetung ist das Ziel der Menschheit, ja des ganzen Kosmos, und Anbetung ist selbstverständlich auch das Ziel jeder einzelnen christlichen Existenz. Die Gemeinde Jesu ist sozusagen der Ort, an dem dieses Ziel der Geschichte und des Menschseins vorweggenommen und – wenn auch sehr, sehr bruchstückhaft – eingeübt wird. Im Himmel wird Gott »alles in allem« sein (vgl. 1 Korinther 15,28). Und wir sind berufen, bereits jetzt etwas davon vorab zu bilden. Die Anbetung Gottes ist der Kern jeder gemeindlichen Arbeit.

Darum müssen unsere Gemeinden der Nährboden für die verschiedensten Formen von Gebet und Spiritualität sein. Dass Menschen Gott **von ganzem Herzen lieben**, das geschieht nicht von selbst. Vielmehr muss die Gemeinde durch Lobpreis, Abendmahl, Segnungen, gemeinsames Gebet, Meditation etc. Räume und Möglichkeiten schaffen, in denen Menschen ihre Liebe zu Gott entdecken, entfalten und ausdrücken können.

2. Gemeindeziel: »Für andere da sein«

»Du sollst deinen Nächsten lieben wie dich selbst.«
Wahrscheinlich gibt es kaum einen Satz, der so schnell mit dem Christentum in Verbindung gebracht wird wie dieser. Die überwiegende Mehrheit der Menschen in unserem Kulturkreis sieht hierin den Kern der christlichen Botschaft zusammengefasst. Doch das ist falsch. *Der Kern der christlichen Botschaft liegt nicht in dem, was wir tun sollen, sondern in dem, was Gott für uns getan hat.* Die christliche Nächstenliebe ist eine wichtige Antwort auf dieses rettende

und befreiende Handeln Gottes an uns. Aber sie ist eben nur Antwort oder auch Folge. Fällt dieser Antwortcharakter weg, dann handelt es sich immer noch um Nächstenliebe, aber sie ist dann nicht christlich. Anders ausgedrückt: Die christliche Nächstenliebe ist nur eine Antwort auf Gottes Handeln an uns. Die Gottesliebe kommt in dem Doppelgebot Jesu zuerst. Darin war er sich mit den Juden einig: Wir sollen Gott »über alles« lieben, das heißt, wir sollen ihm vertrauen und gehorchen. Dann freilich fügt Jesus hinzu: Dies geht nicht ohne gleichzeitige Liebe zum Nächsten.

Was bedeutet es, seinen Nächsten zu lieben? Das Wort »Liebe« ist in unserer deutschen Sprache ja alles andere als eindeutig. Viele Leute denken, »Liebe« wäre eine Einstellung oder ein Verhalten anderen Menschen gegenüber, das auf starken Gefühlen basiert. Das ist im Neuen Testament nicht so. »Liebe« (*Agape*) ist im Neuen Testament nicht primär eine Sache des Gefühls. Jesus hat uns sogar geboten, unsere Feinde zu lieben. Schon damals waren wohl die wenigsten in der Lage, warme Gefühle für ihre Feinde zu entwickeln. Aber das ist auch nicht nötig und auch nicht verlangt. Was Jesus von uns möchte, wenn er fordert, dass wir unsere Mitmenschen oder gar unsere Feinde lieben sollen, liegt nicht so sehr auf der Ebene der Gefühle. Vielmehr sollen wir unseren Mitmenschen mit Respekt begegnen und dort, wo sie es brauchen, durch konkrete Taten helfen. Was aber sollen wir ihnen tun? Die Antwort ist für uns ichbewusste, »unbeugsame« Deutsche sehr unattraktiv: Wir sollen ihnen – **dienen**!

Es gibt wenige Begriffe, die den Gegensatz zwischen dem biblischen und unserem Verständnis der Liebe klarer herausarbeiten als der des »Dienens«. Dass man als Christ andere Menschen lieben soll, darüber wird man sehr schnell handelseinig. Dass man ihnen aber zu »dienen« habe, dieser Aussage werden sich sehr viel weniger Leute anschließen. Der Begriff des »Dienens« ist strittig, und ich fürchte, dass das, was uns an diesem Begriff stört, genau das Gleiche ist, was uns daran hindert, mit dem Liebesgebot Jesu wirklich ernst zu machen: Wir wollen uns nicht ausnutzen lassen, wir wollen uns nicht unter den anderen stellen, wir wollen Herr der Situation bleiben. Auf diese Weise bleiben wir auf halbem Wege stehen, wenn es darum geht, unseren Nächsten zu lieben. Wir halten das Liebesgebot in Ehren, aber wir setzen es kaum wirklich in die Tat um, weil unsere Liebe dort aufhört, wo wir dienen müssen. Statt dessen romantisieren wir die Liebe und begnügen uns damit, liebevoll gesonnen zu sein.

Jesus sagt: »Ein neues Gebot gebe ich euch, dass ihr einander liebet, wie ich euch geliebt habe« (Johannes 13,34). In den synoptischen Evangelien bezeichnet Jesus sein eigenes Wirken interessanterweise nie als »lieben«. Das Wort »lieben« ist zwar auch hier ein zentrales Wort in der Verkündigung Jesu, aber wenn er von seinem eigenen Handeln redet, benutzt er dort stattdessen das Wort »dienen«: »Der Menschensohn ist nicht gekommen, daß er sich dienen lasse, sondern daß er diene und sein Leben gebe als Lösegeld für viele« (Markus 10,45). Und genau hierzu beruft er seine Jünger: »Wenn jemand will der Erste sein, der soll der Letzte sein von allen und aller Diener« (Markus 9,35).

Dienen ist ein wesentlicher Auftrag Jesu an seine Gemeinde. Dienen bedeutet, dass wir unserem Nächsten in seinen geistlichen, emotionalen, leiblichen und in seinen Beziehungsnöten helfen. Dass wir in diesen Belangen nicht nur hehre Worte benutzen und eine edle Gesinnung pflegen, sondern wirklich radikal werden und in diesen Belangen für sie da sind. Nicht dort, wo sie uns ausnutzen wollen, aber dort, wo sie uns brauchen.

Dass wir uns kompromisslos für die Belange unseres Nächsten einsetzen, dafür sind wir als Gemeinde da. Das ist das zweite Ziel der Gemeindearbeit: Wir sollen Gott und unseren Mitmenschen so dienen, wie Jesus uns gedient hat. Wir sollen als Gemeinde **für andere da sein** (und nicht primär für uns selbst), so wie Jesus für andere da war. Wir sollen als Gemeinde nicht um unsere internen Probleme, um unser Wohlbefinden und unsere Themen kreisen, sondern uns radikal für die Menschen um uns herum öffnen, die uns brauchen.

3. Gemeindeziel: »Gott kennen lernen«

»Gehet hin in alle Welt und machet zu Jüngern alle Völker.«

Ich habe eben gesagt, dass wir uns als Gemeinden für die Menschen öffnen sollen, die uns brauchen. Normalerweise denken wir bei einer solchen Formulierung an jemanden, der Probleme hat und dem wir daher helfen sollen. Nur selten haben wir dabei die *geistlichen* Nöte der Menschen im Blick. Doch wenn man Jesus gefragt hätte: »Was brauchen die Menschen um uns herum am allernötigsten?«, dann hätte er eine für viele vielleicht überraschende Antwort gegeben. Er hätte – das lässt sich an sehr vielen Bibelstellen belegen – wahrscheinlich gesagt: »Sie brauchen eine versöhnte, lebendige, fröhliche Beziehung zu Gott.« Darum war der Missionsbefehl auch das Vermächtnis Jesu an seine Kirche: »Gehet hin. Wartet nicht, dass die Leute zu euch kommen. Gehet hin und macht zu Jüngern. Das ist der größte Dienst, den ihr ihnen erweisen könnt.« Selbstverständlich braucht ein Mensch in einer akuten Not ganz andere Hilfe. Ein Mensch, der gerade am Ertrinken ist, braucht keine Bibel, sondern einen Rettungsring. Aber im Innersten und auf lange Sicht gibt es für einen Menschen nichts Wichtigeres, als Gott kennen und lieben zu lernen. Und eine Kirche, die Jesus nachfolgen und für andere da sein will, hat als ersten und wichtigsten Auftrag, zu den Menschen hinzugehen und ihnen zu einer lebendigen Beziehung zu Gott zu verhelfen.

Genau dies hat Jesus seinen Jüngern vorgelebt: Er ist zu den Menschen hingegangen (vgl. Matthäus 9,35). Er hat gesagt: »Was meint ihr, wenn ein Mensch hundert Schafe hätte und eines unter ihnen sich verirrte, läßt er nicht die neunundneunzig auf den Bergen, *geht hin* und sucht das verirrte?« (Matthäus 18,12). Geht hin zu all den vielen, die nicht mehr selbst kommen können, weil sie sich verirrt haben, weil sie den Weg nicht mehr finden, weil sie die Kraft nicht mehr haben oder aus welchen Gründen auch immer. Genau das hat Jesus damals praktiziert, auf diesen Weg hat er seine Jünger mitgenommen, und mit dem Missionsbefehl nach seiner Auferstehung sagt er: »Bleibt bei diesem Lebensstil. Gebt ihn nicht auf. Setzt ihn fort. Ja, werdet noch radikaler: Bisher ist eure Mission auf Israel beschränkt gewesen. Jetzt geht hin in alle Welt«!

Es ist erstaunlich, was wir als Kirche daraus gemacht haben! Wir sind sesshaft geworden. In der Regel erwarten wir, dass die Leute zu *uns* kommen. Das Wort »Mission« (Sendung) weckt bei vielen von uns unangenehme Assoziationen. Da kriegen wir Gänsehaut. Doch selbst, wenn wir in unseren Gemeinden missionarisch tätig sein wollen – was machen wir dann? Wir überlegen uns zugkräftige Themen, drucken Handzettel, machen durch die Presse auf uns aufmerksam, halten Strategiesitzungen ab, wie wir die Leute am besten erreichen, nur eines machen wir nicht: Wir gehen nicht hin zu den Menschen! Was ist nur aus unserer Kirche geworden, dass sie heute weniger durch den Begriff der *Sendung* als viel mehr durch den Begriff der *Sitzung* charakterisiert wird? Was ist der Grund dafür, dass wir im besten aller Fälle eine »einladende Kirche« sein wollen, aber nicht eine »hingehende« Kirche?

Der frühere Leiter des Amts für Gemeindeaufbau in Österreich, Klaus Eickhoff, hat einmal gesagt: *»Eine Kirche, die nicht zu den Leuten hingeht, kommt auch nicht an.«* Damit hat er Recht. Ich persönlich halte viel von einer guten Öffentlichkeitsarbeit. Aber selbst der beste Handzettel und die genialste Pressenotiz werden nie ersetzen können, dass wir zu den Leuten hingehen. Dass wir nicht mehr zu den Leuten hingehen, offenbart, wie gering unser Interesse an ihnen letztlich ist. *Inter-esse* kommt aus dem Lateinischen und heißt wörtlich übersetzt: »dazwischen sein«. Zwischen den Leuten sein, unter den Leuten sein, das ist unser Auftrag. Und wenn wir den erfüllen, dann werden sich die Leute auch nicht scheuen, zu uns zu kommen. Denn sie kämen ja nicht zu Fremden, sondern zu Freunden. Und dort hört die Schwellenangst auf, wo jenseits der Schwelle ein echter Freund wartet. Genau so hat es Jesus gemacht: Erst, nachdem er zu den Menschen gegangen war, hat er sie dann eingeladen: »Komm und sieh, komm und folge mir nach.« Er ist erst hingegangen, und dann hat er die Leute eingeladen, mit ihm zusammenzuleben.

Machen Sie die Probe aufs Exempel: Wie haben Sie zur Gemeinde Jesu gefunden? Ich bin mir sicher, dass der weit überwiegende Teil von Ihnen jetzt sagen würde: »Weil es einen Menschen gab, der Interesse an mir gezeigt hat und dem ich vertraut habe und der mich eingeladen hat.« Das kann ich deshalb mit großer Bestimmtheit sagen, weil statistisch nachgewiesen ist, dass 76 % aller Menschen, die zu einem persönlichen Glauben an Jesus Christus gefunden haben, durch die (Mit-)Hilfe von Verwandten oder Freunden dazu gekommen sind.

Wenn wir in diesem Buch von Gottesdiensten für Kirchendistanzierte sprechen, dann ist es wichtig zu wissen, dass diese nur Sinn machen innerhalb eines Umfeldes, in dem Evangelisation ein Herzensanliegen vieler einzelner Gemeindeglieder ist. **Evangelisation** ist ein ganz zentraler Auftrag der Kirche. Kirche ist dafür da, Menschen dabei zu unterstützen, zu Jüngern Christi zu werden. Das ist der dritte Auftrag, den ich für unsere Gemeinden formuliere: Sorge dafür tragen, dass Menschen, die das Evangelium noch nicht kennen, davon erreicht werden.

Der Schlüssel zu allem, was das Christentum für einen Menschen bereithält, ist eine lebendige Beziehung zu Gott. Darum ist es ein unangefochten wichtiges Ziel unserer Gemeindearbeit, dass möglichst viele Menschen Gott kennen lernen können und dass wir viel Fantasie walten lassen, um Wege dahin zu finden. »Offene Gottesdienste« sind nur ein Weg unter mehreren möglichen, um dieses Ziel zu erreichen. Glaubenskurse, klassische Evangelisationswochen,

Tür-zu-Tür-Aktionen, Straßeneinsätze, missionarische Hauskreise usw. sind andere mögliche Formen. Welchen der genannten Wege man wählt, lässt sich diskutieren. (Ich zum
Beispiel halte Straßeneinsätze in unserem Kulturkreis für
problematisch, da alles, was hierzulande »auf der Straße«
angeboten wird, den Hauch des Unseriösen an sich hat.)
Nicht diskutieren aber lässt sich die Tatsache, dass Evangelisation ein ganz zentraler Auftrag der Gemeinde Jesu und
jedes einzelnen Christen ist.

4. Gemeindeziel: »Miteinander leben«

»Tauft sie!«
  Es ist oft gerätselt worden, warum Jesus ausgerechnet
die Taufe in seinen Missionsbefehl aufgenommen hat. Meiner Meinung nach liegt das weniger an einer vermeintlichen
Heilsnotwendigkeit des Wassers als vielmehr darin, dass es
in der Taufe primär um die Eingliederung eines Menschen
in die Gemeinde Jesu geht. Auch Theologen, die diesen
radikalen Ansatz nicht teilen, werden zugeben, dass diese
»Inkorporation«, das heißt die Einbeziehung eines Menschen in den »Leib Christi«, in die Gemeinde, zumindest
ein wichtiger Aspekt der Taufe ist. In den verschiedensten
Kirchen gibt es die verschiedensten Taufverständnisse.
Aber in dem einen sind sie sich alle einig, dass sie Menschen durch die Taufe in ihre **Gemeinschaft** aufnehmen.
  Und das meint auch Jesus, wenn er sagt: »Tauft sie.«
Übersetzt heißt das: »Nehmt die Menschen, die ihr zu mir
führen wollt, und die Menschen, die ihr zu mir geführt
habt, in eure Gemeinschaft auf. Lasst sie einen Teil eurer
Gemeinschaft werden.« Indem Jesus den Tauf- und den
Missionsbefehl aneinander bindet, macht er deutlich, dass
ein Mensch ohne Eingebundensein in diese Gemeinschaft
als Christ nicht überleben kann. *Allein geht man ein.* Zin-
zendorf sagt zu Recht: »Ich statuiere kein Christsein ohne
Gemeinschaft.« So wie ein neugeborenes Kind nicht ohne

die nährende Mutter oder andere Menschen, die sich um es kümmern, überleben kann, so wenig kann ein Christ ohne die nährende Gemeinschaft der anderen Christen überleben. Doch hier hat das Bild seine Grenze: Ein Kind wird sich im Laufe des Größerwerdens mehr und mehr von seiner Mutter emanzipieren, hingegen bleibt der Christ, auch wenn er reifer und mündiger wird, auf die Gemeinschaft der anderen Christen angewiesen.

Paulus sagt: »Ihr seid in einen Leib (hinein-)getauft« (1 Korinther 12,13), ihr seid ein lebendiges Glied an diesem Leib, ihr *braucht* diese Gemeinschaft, wenn ihr als Christen wachsen und reifen wollt, und diese Gemeinschaft braucht euch. Wenn ein Auge beschließt, ohne den Rest des Körpers weiterleben zu wollen, dann ist das schlecht für den Körper. Ihm fehlt etwas. Es ist aber noch schlechter für das Auge: Es geht kaputt. Man kann es noch irgendwie sezieren und verwerten, aber seine eigentliche Funktion kann es nicht mehr wahrnehmen.

Das ist die Gretchenfrage an unsere Gemeinden: Glauben wir das eigentlich, dass jemand, der nicht als lebendiges Glied in den Leib Christi integriert ist, seine eigentliche, vom Schöpfer für ihn vorgesehene Funktion nicht mehr ausüben kann? Dass er, wenn er am Gemeindeleben nicht aktiv partizipiert, das nicht tun kann, wofür Gott ihn eigentlich gemacht hat? Glauben wir das? Dann verstehen wir, warum der Taufbefehl so wichtig ist. »Tauft sie«, das heißt dann: »Gebt ihnen ihren Lebensauftrag wieder. Nehmt sie in eure Gemeinschaft auf. Gebt ihnen in eurer Gemeinde die Möglichkeit, ihre Gaben und Fähigkeiten zu entdecken, zu entwickeln und auszuüben. Lasst sie in eurer Mitte das tun, wofür ich sie eigentlich gemacht habe.«

Als Christen sind wir nicht nur berufen, für uns selbst in unserem Herzen an Jesus zu glauben, sondern auch dazu, zum Leib Christi zu gehören. Es geht darum, **miteinander** zu **leben** und liebevoll miteinander umzugehen (Johannes 13,34). Es geht darum, Gemeinschaft miteinander zu haben, sich auszutauschen untereinander, Anteil zu nehmen aneinander. Für das Neue Testament ist es völlig undenkbar, dass man in der Kirche – wie in einem Verein – lediglich Mitglied ist, sondern man wird einbezogen in einen lebendigen Organismus. Das ist der vierte Auftrag Jesu an die Kirche: Die Menschen nicht nur in eine persönliche Gottesbeziehung zu rufen, sondern sie als vitale Glieder einzubinden in die Gemeinschaft der Glaubenden.

5. Gemeindeziel: »Im Glauben wachsen«

»… Und lehrt sie halten alles, was ich euch befohlen habe.«
Der letzte hier aufgeführte Auftrag an die Gemeinde ist derjenige, der in der Kirche wahrscheinlich am wenigsten wahrgenommen wird. Worum geht es dabei? Jesus wollte nicht nur, dass wir Gott und die Menschen lieben, sondern er wollte, dass wir dies auf eine ganz bestimmte Art und Weise tun. Er wollte, dass wir es in der Bindung an seine Person tun. Jesus hatte den Wunsch, dass wir Gott und unsere Mitmenschen so lieben, wie er es getan hat. Denn unter Gottesliebe und unter Menschenliebe kann man, wie wir am Beispiel der Nächstenliebe gesehen haben, sehr, sehr verschiedene Dinge verstehen. Darum hat er nicht nur gesagt: »Liebt Gott« und »liebt euren Nächsten«, sondern auch: »Folgt mir nach!«

Gott und die Menschen so zu lieben, wie Jesus es getan hat, das kann nur in einer ganz engen persönlichen Bindung an die Person Jesu geschehen. Das theologische Fachwort zu dieser Lebensbewegung ist »**Jüngerschaft**«. Die Gemeinde Jesu hat nicht nur den Auftrag, Menschen zum Glauben zu führen, nicht nur, sie liebes- und gemeinschaftsfähig zu machen, sondern sie in die Jüngerschaft zu führen, sie zur Nachfolge Jesu zu berufen und zu befähigen. Die Christen sollen in unserer Gemeinde ermutigt und befähigt werden, in ihrem Christsein zu reifen, das heißt, Jesus nachzufolgen (vgl. 1 Petrus 2,21), ihm zu gehorchen (vgl. Römer 1,5) und Frucht für ihn zu bringen (vgl. Galater 5,22). Die Gemeinde muss darum vielfältige Möglichkeiten bereitstellen, dass Christen **im Glauben wachsen** können. Das ist ihr fünfter Auftrag.

Im Missionsbefehl heißt das: »Lehrt sie halten alles, was ich euch befohlen habe.« Das Wort »Lehre« wird heute oft anders verstanden als in der Bibel. Wir denken dabei an theoretischen Unterricht, um unsere Kenntnisse auf einem bestimmten Wissensgebiet zu erweitern. Die Lehre Jesu schließt das mit ein, aber sie ist sehr viel umfassender und zielt eigentlich auf etwas anderes. *Die Lehre Jesu zielt nicht in erster Linie auf Wissensvermittlung, sondern auf Lebensveränderung.* Es geht nicht um die unverbindliche Darbietung von Wissensstoff. Es heißt nicht »Lehrt sie«, es heißt »Lehrt sie halten«.

Es geht beim Christsein nicht darum, ganz bestimmte Dinge für wahr zu halten oder eine bestimmte Gesinnung zu haben, sondern darum, Jünger zu sein, an der Hand Jesu zu leben. Das Problem vieler Gemeinden ist, dass sie statt dessen das Kopfwissen der Leute immer weiter anreichern. Denken Sie an den Konfirmandenunterricht. Was haben wir da nicht alles gelernt (und wieder verlernt)! Es gibt Leute, die seit Jahren Woche für Woche in die Kirche oder sogar in den Bibelkreis gehen und in dieser Zeit unglaublich viel gelernt haben – aber nicht einen Schritt gegangen sind. Und es steht zu befürchten, dass sie auch nicht mehr loslaufen werden. Der Kopf ist zu schwer geworden und das viele Wissen hat sie gegen jeden Gedanken an eine konkrete Nachfolge Jesu immunisiert.

Jakobus schreibt: »Seid aber Täter des Wortes und nicht Hörer allein, sonst betrügt ihr euch selbst« (1,22). Ich bin wahrscheinlich der Letzte, der Sie davon abhalten möchte, Ihr Wissen zu erweitern. Aber achten Sie darauf, dass mit der Wissenserweiterung gleichzeitig die entsprechende Lebensveränderung einhergeht, sonst betrügen Sie sich selbst. Christliche Lehre, die nicht zur Tat wird, hat keinen Wert. Noch schlimmer: Sie führt zu Stillstand und Lähmung, ja in letzter Konsequenz sogar zur Verstockung.

Bei der »Lehre« im biblischen Sinn geht es letztendlich nicht um Wissens-, sondern um *Lebensübertragung.* Im ganzen Neuen Testament ist das die einhellige Auffassung, dass es ohne solche Lehre, ohne andauernde Lebensübermittlung nicht geht. Wie wollen wir als Christen wachsen, wenn wir uns nicht ständig solchen Erfahrungen aussetzen? In der ersten Christenheit wurde in den Gottesdiensten dementsprechend nicht »gepredigt«, sondern »gelehrt«, das heißt, da wurde Leben übermittelt. Ob wir das von unseren Gottesdiensten oder Hauskreisen wohl auch so sagen können?

Unsere Gemeinden haben den Auftrag, dafür Sorge zu tragen, dass aus Christen wirklich Jünger werden, das heißt, Menschen, die Jesus nachfolgen und an seinem Leben und seiner Lebensführung teilhaben. Die natürlichen Orte, an denen dies geschieht, sind die Kleingruppen bzw. Hauskreise, aber auch die Gottesdienste, in denen Aspekte der Jüngerschaft gelehrt werden, sowie die Gemeindeseminare. Der wichtigste Ort, an dem ein Mensch in Nachfolge und Jüngerschaft angeleitet wird, ist jedoch die Seelsorge. Leider hat der Begriff der Seelsorge hierzulande fast ausschließlich die Bedeutung von »Krisenintervention« bekommen. Das ist aber nur ein winziger Ausschnitt dessen, was ein seelsorgerliches Verhältnis eigentlich ausmachen sollte. Seelsorge ist ein alle Aspekte des Lebens umfassender regelmäßiger *Check-up,* der einem Menschen hilft, ein Leben in der Nachfolge Jesu zu führen. Eine Gemeinde, die sich Jüngerschaft zum Ziel setzt, muss daher nicht nur für eine gute Lehre in dieser Beziehung sorgen, sondern auch Hirten (Kleingruppenleiter) und Seelsorger ausbilden, die diesen Dienst ausüben können.

Das also sind – theologisch ausgedrückt – die fünf Ziele der Gemeindearbeit:

• Anbetung,
• Dienst,
• Evangelisation,

- Gemeinschaft,
- Jüngerschaft.

Da diese theologischen Fachbegriffe von Kirchendistanzierten kaum verstanden und bei vielen Menschen oft auch
emotional besetzt sind, drücken wir sie lieber so aus:

- Gott von ganzem Herzen lieben,
- für andere da sein,
- Gott kennen lernen,
- miteinander leben,
- im Glauben wachsen.

In unserer Gemeinde haben wir diese fünf Aspekte in einer
Grafik dargestellt.

Vielleicht fällt Ihnen auf, dass sich in dieser Grafik im Vergleich zu dem, was ich auf den vergangenen Seiten entwickelt habe, die Reihenfolge der fünf Gemeindeziele ge-
ändert hat. Bislang habe ich diese fünf Aspekte ja nur entwickelt, indem ich an zwei Bibelversen entlanggegangen
bin. In dieser Grafik habe ich diese fünf Punkte in einer
bestimmten, wie ich finde, sinnvollen und logischen Reihenfolge angeordnet:

Als Erstes kommt (oben) die Evangelisation. Voraussetzung für alle anderen gemeindlichen Inhalte und Aktivitäten ist normalerweise die, dass Menschen Gott erst einmal kennen lernen. Das heißt: Nicht von der Wichtigkeit, wohl aber von der logischen Reihenfolge her wird in der Gemeindearbeit die Evangelisation erste Priorität haben. Menschen müssen erst einmal in eine lebendige Beziehung zu Gott gebracht werden, bevor wir sie sinnvoll an die anderen Gemeindeziele heranführen können.

Der zweite Schritt ist, dass die Menschen, die eine lebendige Beziehung zu Gott gefunden haben, in die christliche Gemeinschaft integriert werden. Auch dies ist eine Frage der inneren Logik. Wir haben gesehen, dass man das Christsein nicht für sich alleine leben kann, sondern nur in der Gemeinschaft mit anderen Christen. Das neugeborene »Kind«, der Mensch, der Gott kennen gelernt hat, braucht die nährende »Mutter«, die Gemeinde, die ihn mit allem versorgt, was er braucht, um als Christ wachsen und reifen zu können.

Der dritte Schritt ist, dass die Gemeinde den Gemeindegliedern hilft, als Jüngerinnen und Jünger Jesu zu leben. Wir denken manchmal, dies passiere von alleine, sobald ein Mensch zu Jesus Christus und eine Gemeinde gefunden hat. Das ist aber ein verhängnisvoller Irrtum. Kaum ein Kind geht nur auf Grund der Tatsache, dass es geboren wurde und eine nährende Mutter hatte, von allein in die Schule. Die Gemeinde muss daher sowohl Anreize schaffen als auch Möglichkeiten bereitstellen, dass Menschen im Glauben nicht stehen bleiben, sondern auf dem Weg der Nachfolge weiterwachsen.

Das Vierte ist eine neue Lebensmaxime: »Ich lebe nicht mehr für mich selbst, sondern für andere.« Wahrscheinlich wird dem Christen diese Maxime schon sehr viel früher auf dem Weg begegnen, aber erst auf dem Weg der Jüngerschaft wird sie ihm in Fleisch und Blut übergehen. Ganz gewiss kann man in der Gemeinde schon sehr viel früher mitarbeiten, aber eine Mitarbeit ohne zu Grunde liegende

Jüngerschaft gestaltet sich auf lange Sicht schwierig. Ich habe es oft erlebt, wie sehr solche Mitarbeiter ständig von außen motiviert werden müssen, und in manchen Fällen waren es auch sehr fragwürdige Motive, die sie mitarbeiten ließen. Sie wollten nicht dienen, sondern herrschen, sie suchten nicht die Ehre Gottes oder das Beste für ihre Mitmenschen, sondern ihre eigene Bestätigung und Befriedigung. Darum setze ich das Dienen zeitlich hinter die Jüngerschaft.

Bleibt als Fünftes die Anbetung. Dass ich sie zuletzt nenne, bedeutet nicht, dass die Anbetung zeitlich oder von der Wichtigkeit her am Schluss steht. Wie Sie am Schaubild sehen können, steht die Anbetung vielmehr in der Mitte dieses ganzen Prozesses. Sie ist der Kern des gesamten Gemeindelebens. Jeder Aspekt des gemeindlichen Lebens ist auf Anbetung bezogen. Jeder der anderen genannten Aspekte Evangelisation, Gemeinschaft, Jüngerschaft und Dienst trägt seinen Teil dazu bei, dass Menschen Gott von ganzem Herzen lieben lernen. Die vier erstgenannten Aspekte der Gemeindearbeit sind gleichberechtigt, die Anbetung aber ist ihre Mitte und ihr Ziel.

Gott kennen lernen, miteinander leben, im Glauben wachsen, für andere da sein und Gott von ganzem Herzen lieben – das ist, wie gesagt, die logische Abfolge der fünf Gemeindeziele. Das bedeutet nicht, dass sich diese Reihenfolge auch in jeder individuellen *Biografie* so widerspiegeln muss. Es ist durchaus möglich (ja, es ist sogar sehr oft der Fall), dass ein einzelner Mensch erst intensiv in die Gemeinschaft der Christen eintaucht, bevor er Gott kennen lernt. Und manch einer arbeitet vielleicht schon eine ganze Zeit lang mit, bevor er Gott kennen lernt oder den Weg der Nachfolge geht. Die Gebiete lassen sich auch nicht immer fein säuberlich voneinander trennen: So gibt es auch eine »Evangelisation durch Mitleben« – wir in unserer Gemeinde arbeiten sehr stark mit dieser Form – oder eine Gemeinschaftserfahrung in der Anbetung oder Wachsen in der Jüngerschaft durch konkrete Dienste etc.

Die in der Grafik vorgezeichnete Reihenfolge ist darum zwar logisch, aber weder bindend noch wirklich entscheidend. Gott geht mit uns die unterschiedlichsten Wege. Es gibt darum keine »Idealbiografie« für uns Christen. Viel wichtiger als die Reihenfolge erscheint mir die Ganzheitlichkeit dieses Prozesses. Wir haben als Christen dafür Sorge zu tragen, dass keiner der fünf genannten Aspekte des Christseins fehlt. Wir haben herauszufinden, welcher Bereich bei uns am schwächsten entwickelt ist, und an diesem Aspekt unseres Christseins sollten wir – wenn möglich, unter Inanspruchnahme seelsorgerlicher Hilfe – arbeiten. Und unsere Gemeinden müssen gezielt Möglichkeiten bereitstellen, dass ihre Gemeindeglieder in allen fünf Bereichen wachsen können.

Das ist ein sehr entscheidender Punkt. Das alles passiert nicht *irgendwie*. Es ereignet sich nicht aus Zufall. Was wir als die fünf Schwerpunkte der Gemeindearbeit beschrieben haben, ist überhaupt nichts Besonderes. Relativ viele Gemeinden würden dem ohne Weiteres zustimmen. Doch auf die Frage: »Welche konkreten Hilfen bietet ihr denn an, dass Menschen im Glauben wachsen oder sie Gott von ganzem Herzen lieben lernen?«, reagieren sie eher hilf- und planlos. Sie gehen davon aus, dass das geistliche Wachstum der Menschen irgendwie von selbst kommt. Damit aber bleibt die Sache ein frommer Wunsch.

Das ist der Grund, warum wir unsere Gemeindeglieder regelmäßig darauf hinweisen, dass es zum Glauben gehört, alle Aspekte der Grafik zu verinnerlichen, dass man sich also nicht einfach ein einzelnes Blütenblatt herauspicken und sagen kann: »Darin besteht mein Christsein.« Weder eine Lebensänderung noch die Mitgliedschaft in einem Hauskreis oder der regelmäßige Besuch des Gottesdienstes oder die Mitarbeit in der Gemeinde noch sonst irgendein isoliertes Element entbinden uns davon, das Christsein in seiner vollen Bandbreite zu leben. Dazu aber ist es notwendig, dass wir als Gemeinde den Menschen konkrete Hilfen anbieten, wie sie dies tun können. Zum Beispiel:

152

Damit Menschen Gott **kennen lernen**, dazu werden in unserer Gemeinde Glaubenskurse durchgeführt, wir veranstalten unsere *GoSpecial*s und Grundkurse für persönliche Evangelisation usw. Damit Menschen in unserer Gemeinde *miteinander leben* (und nicht nur nebeneinander her), dazu bieten wir eine Vielzahl von Hauskreisen an oder scheinbar so simple und doch so wichtige Elemente wie den Teedienst nach dem Gottesdienst, der ein Forum schafft, in dem man miteinander ins Gespräch kommen kann. »**Im Glauben wachsen**«: Dafür gibt es wiederum verschiedenene Hauskreise mit Themen der Nachfolge und der Jüngerschaft oder die Seminare und Wochenendfreizeiten, die wir anbieten usw. »**Für andere da sein**«: Dass die Christen ihren Glauben in der Gemeinde und in der Welt auch praktizieren, dafür gibt es die verschiedensten Dienstgruppen und Aktivitäten und vor allem natürlich unsere »D.I.E.N.S.T.-Seminare«, die jedem Gemeindeglied helfen, den für ihn richtigen Platz und die richtige Aufgabe zu finden. Und schließlich »**Gott von ganzem Herzen lieben**«: Dazu bieten wir eine monatliche Gebetsandacht – den so genannten »Ruhepunkt« – an, eine Gebetshotline, Gebetsseminare, eine Zeit des Lobpreises in jedem Gottesdienst und auch in vielen Gemeindegremien (zum Beispiel auch bei Kirchenvorstandssitzungen), dazu vielfältige Angebote der Einzelsegnung usw.

Das Thema dieses Büchleins sind »Gottesdienste für Kirchendistanzierte«. Solche Gottesdienste wären innerhalb des hier vorgetragenen Gemeindekonzepts am ehesten unter der Rubrik »Evangelisation« einzuordnen. Doch ein Unternehmen wie dieses wird nur dann Sinn machen und Aussicht auf Erfolg haben, wenn die anderen Teile der Grafik in Ihrer Gemeinde ebenfalls einigermaßen entwickelt sind. Es hat keinen Sinn, Menschen durch Gottesdienste für Kirchendistanzierte zu Christus zu führen, wenn es in Ihrer Gemeinde keine Gemeinschaft gibt, in die Sie die neu gewonnenen Christen integrieren können, wenn es bei Ihnen keine praktischen Möglichkeiten gibt, Jüngerschaft zu lernen und zu praktizieren (etwa, weil der Pfarrer alles allein macht) oder wenn Anbetung in Ihrer Gemeinde kein Thema ist.

> *Darum ist der erste Schritt zu einem Gottesdienst für Kirchendistanzierte, dass Ihre Gemeinde »ganzheitlich« wird. Äußeres Wachstum muss mit innerem Wachstum Hand in Hand gehen. Sie können den evangelistischen Flügel Ihrer Gemeindearbeit nur dann sinnvoll ausbauen, wenn die anderen Grundpfeiler des Gemeindeaufbaus – Evangelisation, Gemeinschaft, Jüngerschaft, Dienst und Anbetung – entsprechend mitwachsen.*

In unserer Gemeinde haben wir zusätzlich zu diesen fünf Zielen einen ganz bestimmten *Stil* entwickelt, der unserer Arbeit eine ganz eigene Färbung gibt. Wir bezeichnen diesen »Stil des Hauses« als die »acht Werte« unserer Andreasgemeinde. Diese Werte sagen *nicht*, welche Ziele wir erreichen wollen. Darüber gibt unsere Gemeindephilosophie hinreichend Auskunft. Die acht Werte beschreiben vielmehr die Art und Weise, wie wir unsere Ziele erreichen wollen. Sie sagen nicht, was wir anstreben, sondern »warum wir die Dinge so tun, wie wir sie tun«.

Wir sind nun der Auffassung, dass solche Werte von allen Gemeinden selbst gefunden und erarbeitet werden sollten. Die Verschiedenartigkeit der Menschen in unserer Gesellschaft erfordert ein weites Spektrum möglichst verschiedenartiger Gemeinden. Darum fügen wir unsere »Acht Werte« hier nur der Vollständigkeit halber hinzu (und weil wir immer wieder danach gefragt werden). Für Gemeinden, die sich auf einen ähnlichen Weg machen wollen wie wir, kann es durchaus sein, dass sie das eine oder andere von uns übernehmen können. Doch was der Stil Ihres Hauses ist, können Sie nur selbst wissen, und wenn Sie uns 1:1 kopieren wollen, machen Sie mit Sicherheit etwas falsch.

Und glauben Sie auch nicht, dass wir unsere acht Werte in der Gemeinde bereits in befriedigendem Maß umgesetzt hätten. Auf ausnahmslos allen Gebieten besteht bei uns noch ein hoher Lernbedarf. Und doch sind uns diese Werte wirklich wichtig, und wir versuchen, sie umzusetzen, auch wenn uns das in großer Regelmäßigkeit misslingt. Insofern beschreiben diese acht Werte durchaus schon unseren Stil, auch wenn wir in allen Punkten noch gehörig dazulernen müssen.

Die acht Werte der Andreasgemeinde

Die Vision unserer Gemeinde beschreibt die fünf Ziele, die wir mit unserer Arbeit erreichen wollen (= »was wir anstreben«). Die acht Werte unserer Gemeinde beschreiben den Stil, dessen wir uns dabei nach Möglichkeit bedienen wollen (= »warum wir die Dinge so tun, wie wir sie tun«).

1. **Offenheit:** Wir wollen, dass sich moderne und nicht zuletzt auch kirchendistanzierte Menschen bei uns wohl fühlen. Wir versuchen daher, den Menschen von heute das Evangelium in einer sie ansprechenden, kulturell relevanten Art und Weise darzubieten.

155

2. **Begeisterung:** Wir sind gerne Christen. Darum versuchen wir, die Grundformen der christlichen Spiritualität – Glaube, Gebet, Bibellese, Gemeinschaft, Bekenntnis und Liebe – in einer möglichst fröhlichen, leidenschaftlichen und ansteckenden Weise zu leben.

3. **Wachstum:** Wir sind davon überzeugt, dass jedes Gemeindeglied in seiner Beziehung zu Christus auf Wachstum und positive Veränderung angelegt ist – und dass auch die Gemeinde als ganzes qualitatives und quantitatives Wachstum anstreben soll.

4. **Herzlichkeit:** Liebevolle Beziehungen sollen jeden Aspekt unseres Gemeindelebens prägen. Dazu gehört ein Klima der gegenseitigen Annahme, des Humors, der Fehlerfreundlichkeit, der Auferbauung und der Gastfreundlichkeit.

5. **Authentizität:** Das Christentum, das bei uns gelebt und verkündigt wird, soll echt und ungezwungen sein. Wir versuchen, uns selbst und anderen nichts vorzumachen. Was förmlich oder künstlich wirkt, wird bei uns systematisch abgebaut.

6. **Buntheit:** Wir wollen eine möglichst »bunte« Gemeinde mit vielfältigen Christen sein. Wir suchen weder eine Uniformität der Meinungen noch der spirituellen Ausdrucksformen, denn wir sind uns bewusst, dass Gott mit jedem Menschen auf individuelle Weise umgeht.

7. **Gabenorientiertheit:** Wir glauben, dass der Christ dadurch ein erfülltes Leben erfährt, dass er seine gottgegebenen Gaben dienend in der Gemeinde und in der Welt einsetzt. Darum bieten wir Hilfen an, dass jeder bei uns seine Gaben entdecken, fördern und ausüben kann.

8. **Qualität:** Wir streben nicht nach Perfektion, wohl aber danach, dass jeder Christ an dem Ort, an dem er mitarbeitet, sein persönlich Bestes gibt – zur Ehre Gottes und aus Respekt den Menschen gegenüber, mit denen wir zu tun haben.

Kapitel 8

Konflikte und Kritik

Zehn praktische Tipps, wie man eine Gemeinde
verändert, ohne sie zu zerstören

*W*ir laden Sie in diesem Kapitel ein, sich beim Er-
träumen Ihrer Gemeinde Gedanken darüber zu
machen, welchen Traditionen, Gefühlen, Hoffnungen und Erwartungen anderer Sie dabei in die Quere
kommen könnten. Jede Entscheidung für etwas ist nämlich
auch eine Entscheidung gegen etwas. Darum gehören Sen-
sibilität und Gesprächsbereitschaft genauso zu einer sich
verändernden Gemeinde wie Durchsetzungskraft und Wa-
gemut.*

Niemand soll in der Gemeinde der Zukunft außen vor bleiben müssen. Und trotzdem brauchen wir mutige Weichenstellungen. Dabei ist es weder sinnvoll, Andersdenkende einfach zu überrennen, noch sich von übervorsichtigen oder im Alten verhafteten Menschen seinen Traum kaputtmachen zu lassen. Wenn wir daran glauben, dass Gott das Gesicht der Welt verändern kann, dann sollten wir auch daran arbeiten, dass er das Gesicht unser Gemeinde verändern kann. Dazu zehn konkrete Erfahrungen:

1. Wenn Sie in der Kirche etwas verändern wollen, dürfen Sie Konflikte nicht scheuen

Ich kann mich an keine noch so kleine Weichenstellung in unserer Gemeinde erinnern, die nicht massive Kritik seitens einiger Gemeindeglieder hervorgerufen hätte. Unsere Gemeinden wären nicht so, wie sie sind, wenn es nicht Menschen in ihrer Mitte gäbe, die offensichtlich Wert darauf legen, dass die Dinge eben so und nicht anders laufen. Diese Menschen werden sich wehren, sobald Sie einen Bereich berühren, der ihnen besonders am Herzen liegt. Hängen Sie einmal das kitschige Bild im Eingangsbereich Ihrer Gemeinde ab – und Sie werden erstens erfahren, wer es vor zwei Jahrzehnten hingehängt hat, und zweitens wird man Ihnen zu verstehen geben, dass es gefälligst noch weitere zwei Jahrzehnte dort zu hängen hat.

Zu den besonderen »Steckenpferden« einzelner Gemeindeglieder kommt ein wesensmäßiger Konservatismus, der den meisten Menschen zu Eigen ist: Das Neue hat – zumindest in der Kirche – gegenüber dem Altbewährten meist einen sehr schweren Stand und wird zunächst einmal skeptisch beäugt. Bei nahezu allen Umfragen, die wir in unserer Gemeinde durchgeführt haben, votierten Insider der Tendenz nach immer dafür, die Dinge so zu belassen, wie sie sind. Wen wundert's? Sonst wären es keine Insider! Sie wären keine aktiven Gemeindeglieder, wenn sie sich bei dem, was wir machen und wie wir es machen, nicht in aller Regel einigermaßen wohl fühlten! Die Frage ist: Wie hoch ist das Potenzial von gemeindlichen Randsiedlern, die sich jetzt nicht wohl fühlen und deswegen wegbleiben, die aber vielleicht kommen würden, wenn wir die eine oder andere Änderung einführen würden? Diese Frage können Sie im Vorfeld nicht eindeutig beantworten.

Darum scheuen viele Pastoren davor zurück, in ihren Gemeinden wesentliche Dinge zu ändern. Sie sind mit dem Ist-Zustand vielleicht auch nicht zufrieden, aber sie haben Angst, wegen eines letztlich nicht kalkulierbaren Risikos auch noch ihre letzten Leute zu verärgern und eventuell sogar zu verlieren. Freilich: Wer nichts riskiert, riskiert alles! Der muss damit rechnen, dass er immer weniger Menschen erreicht und dass seine Gemeinde früher oder später stirbt.

2. Lassen Sie sich durch die Kritik »altbewährter Mitarbeiter« nicht ins Bockshorn jagen!

Haben Sie zunächst einmal Verständnis dafür, wenn Menschen in Ihrer Gemeinde sich gegen Gottesdienste für Kirchendistanzierte sperren. Eine Gemeindearbeit auf Kirchendistanzierte auszurichten ist nicht nur *ungewohnt,* sondern in vielerlei Hinsicht auch ausgesprochen *unbequem* und außerdem ziemlich *anstrengend.* Das Problem ist nur, dass viele Menschen nicht diese, sondern ganz andere Gründe ins Feld führen, wenn sie ihre Kritik vorbringen. Sie argumentieren manchmal theologisch, und oft weisen sie darauf hin, welch wichtiges Erbe mit diesen Neuerungen verraten und welche Leute in der Gemeinde dadurch plötzlich »ausgegrenzt« würden. Die Kritik, die dabei am härtesten trifft, kommt von Menschen, die sich darauf berufen, jahrelang mitgearbeitet zu haben, und die daraus einen Anspruch auf besondere Gewichtigkeit ihrer Kritik ableiten. Und der Pastor müsste ein »Klotz« sein, würde er diese Gewichtigkeit nicht auch zentnerschwer empfinden.

Er wird sich schwer damit tun, das Urteil solch »bewähr-
ter« Mitarbeiter einfach in den Wind zu schlagen. *Doch
bedenken Sie, dass jene »bewährten« Mitarbeiter oft diejenigen sind, die für den derzeitigen Zustand der Gemeinde
(mit)verantwortlich sind.* Von dem Zustand des von dem
betreffenden Mitarbeiter verantworteten Bereichs der Gemeindearbeit würde ich es abhängig machen, wieweit seine
Kritik für mich Gewicht hat. Ein Mitarbeiter, der durch seine Mitarbeit einen desolaten Zustand mit herbeigeführt hat,
hat sich gerade nicht »bewährt«, auch wenn er schon seit
Jahren an dieser Stelle gewirkt hat. Natürlich muss man
mit ihm behutsam reden und sich Zeit dafür nehmen, ihn
für die neuen Pläne zu gewinnen. Aber es liegt in der Natur
der Sache, dass er sich gegen eine Neuerung gerade auf
seinem Gebiet mit Händen und Füßen wehren wird. Er ist
sachlicher Kritik gegenüber weniger offen, weil er sie als
persönliche Kritik empfindet, und das macht die Sache
schwierig. Je nach Grad des inneren Beteiligtseins und En-
gagements dieses Mitarbeiters schafft man sich durch deutliche Worte ihm gegenüber vielleicht einen »Feind fürs Leben« (oder, wenn man Glück hat, nur für ein paar Jahre).
Nur wenige sind dann noch in der Lage, ihre innere
Verletztheit zu überwinden und auf einem anderen Gebiet
konstruktiv und ohne Bitterkeit mitzuarbeiten. Umso höher
ist ihnen eine solche Haltung anzurechnen, denn manch
anderer macht gute Miene zum bösen Spiel und wartet nur
darauf, es einem zum »geeigneten« Zeitpunkt heimzuzah-
len, was sich auf lange Frist als ausgesprochen tückisch für
den Gemeindeaufbau erweisen kann.

3. Unterscheiden Sie zwischen geistlicher Kritik und Vorwürfen, die auf das Lebensgefühl des jeweiligen Kritikers zurückzuführen sind

Das ist ein sehr wichtiger Unterschied, der nicht immer
einfach herauszufinden ist. Vielleicht brauchen Sie hierzu

160

die Gabe der Unterscheidung (oder ziehen Sie jemanden zu Rate, der diese Gabe hat). Auch Kritik, die im Lebensgefühl des jeweiligen Kritikers begründet ist, wird sehr oft geistlich aufgezogen: »In der Bibel steht doch geschrieben, dass …« (hierauf folgt eine mehr oder minder plausible Begründung, warum das, was Sie verändern wollen, keinesfalls verändert werden darf). Zu einer geistlichen Begründung gehört für mich freilich mehr: Hier ist es wichtig, herauszuspüren, ob der andere lediglich Bibelverse zitiert, ob die Bibel in seinem Leben wirklich eine tragende Rolle spielt und ob er gerade in dieser Frage von der Liebe zu Jesus und zu den Menschen getrieben wird, die von einer solchen Änderung profitieren würden. Sollte beides der Fall sein, er aber dennoch gegen die geplante Änderung votieren, wäre das ein hartes Indiz für mich, seinen Argumenten sehr genau zuzuhören. Auch Menschen, deren Kritik in ihrem eigenen Lebensgefühl begründet ist, sollte man sehr genau zuhören, freilich weniger, um ihnen nachzugeben, als vielmehr, um die dahinter stehenden Ängste und Fragen besser zu verstehen und behutsamer damit umgehen zu können.

4. Bitte brechen Sie notwendigen Konflikten nicht die Spitze ab

Notwendige Konflikte sind für mich vor allem solche über die theologische Grundausrichtung der Gemeinde. An dieser Stelle darf man nicht um eines falsch verstandenen christlichen Harmoniegedankens willen die zentralen Glaubensaussagen der Gemeinde zur Disposition stellen. Wenn Gemeindeglieder partout nicht wollen, dass ihre Gemeinde darauf zielt, dass Menschen eine Beziehung zu Jesus Christus aufbauen und in dieser Beziehung wachsen und aus dieser Beziehung heraus leben, dann dürfen Sie bei aller Akzeptanz der betreffenden Personen dem hieraus entstehenden Konflikt nicht die Spitze abbrechen, sondern müssen ihn durchhalten!

Über diese grundlegenden Fragen muss in der Gemeinde entweder Einigkeit bestehen oder es kommt zu einem Konflikt, aber bitte lassen Sie es an dieser Stelle nicht zu einem faulen Frieden kommen. Der unter den Teppich gekehrte Konflikt taucht nämlich immer wieder an allen möglichen Orten des Gemeindelebens wieder auf und richtet auf Dauer mehr Schaden als Nutzen an. Ich habe es so häufig erlebt, dass sich Menschen erbittert um relative Nebensächlichkeiten stritten, bis ich merkte, dass hier lediglich *Scheingefechte* geführt wurden und dass das eigentliche Problem und der eigentliche Konflikt ganz woanders lagen.

In der Praxis sieht das so aus: Sie streiten sich beispielsweise mit einem Gemeindeglied über den Musikstil in ihrem Gottesdienst, aber Sie kommen trotz aller Argumente einfach nicht weiter, denn das eigentliche Problem dieses Gemeindegliedes liegt in der grundlegenden Ablehnung der theologischen Linie der Gemeinde oder in einer ebenso grundlegenden Ablehnung der Gemeindeleitung. Und selbst wenn Sie das eine Problem lösen, taucht morgen bereits der nächste Nebenschauplatz auf. Darum müssen zentrale Differenzen ausgesprochen und ausgetragen werden.

Es kann gut sein, dass das auf Dauer zu einer Trennung führt. Viele der Kritiker ziehen sich über kurz oder lang zurück oder wechseln die Gemeinde. Ich bejahe das: Es ist nur bis zu einem gewissen Grad sinnvoll, Menschen gewinnen zu wollen, die völlig andere Grundvoraussetzungen haben (und weder die eine noch die andere Seite bereit ist, von ihren Grundvoraussetzungen abzulassen). Ehe man sich infolge von Uneinigkeit in grundsätzlichen Fragen ständig aneinander reibt und wechselseitig mit Forderungen konfrontiert, die die jeweils andere Seite nicht einzulösen gewillt ist, ist eine (möglichst friedliche) Trennung vielleicht nicht die optimale, aber auf alle Fälle die beste Lösung.

5. Versuchen Sie, eine »Streitkultur« aufzubauen, in der man sachliche Auseinandersetzungen nicht als ein Gegeneinander-, sondern als ein Miteinander-Ringen erlebt

Mancher Mitarbeiter behält seine Kritik für sich. *Man muss sich nicht immer zu Wort melden und »dagegensteuern«, wenn man anderer Meinung ist.* Wenn jemand das dann auch wirklich vergeben und vergessen kann, halte ich das für einen ausgesprochen geistlichen Weg, mit Kritik umzugehen. Manch einer aber frisst Kritik in sich hinein, vergibt und vergisst aber nicht wirklich, und das rächt sich. Oft staut es sich auf und wächst im Extremfall bis zu einer totalen Ablehnung des Gemeindeaufbaus an. Die zu diesem Zeitpunkt dann manchmal geforderten sachlichen Gespräche bringen wenig, weil das Problem eigentlich ein seelsorgerliches ist.

Wieder andere äußern Kritik »hintenherum«, und so wirkt diese wie ein schleichendes Gift, das die geistliche Grundhaltung aller an diesem Tratsch Beteiligten korrumpiert. Dass mit einer solchen Haltung Freude und Elan nicht so recht aufkommen wollen, liegt auf der Hand. Das schleichende Gift des Schlecht-übereinander-Redens wirkt in gewisser Weise zerstörerischer als die offene Auseinandersetzung. Daher begrüße ich es, wenn Gemeindeglieder Kritikpunkte offen ansprechen (und eben nicht hinter dem Rücken von anderen kolportieren), selbst wenn es noch so unkonstruktiv daherkommt. Unkonstruktive Kritik, die man mir ins Gesicht sagt, ist ein echtes Problem, mit dem ich persönlich nur schwer zurechtkomme. Viel schädlicher aber ist ein heimlicher Flächenbrand, der sich in der Regel erst dann zeigt, wenn es bereits zu spät ist. Wirklich konstruktive Kritik ist eine Kunst, die in unseren Gemeinden systematisch gefördert werden sollte. Wir kommen um Streit in der Gemeinde nicht herum, und ich glaube auch nicht, dass wir das überhaupt sollen. Der Schlüssel dazu ist – neben der Einigkeit in den Hauptzielen –, dass sachliche

Kritik immer so geäußert wird, dass sich der Gesprächspartner menschlich voll angenommen und in seiner Argumentation ernst genommen weiß. Dazu hilft neben der bereits erwähnten positiven Kritik auch die einfache Grundregel, dass jeder Mensch das Recht auf die wohlwollendste Auslegung seiner Worte hat.

Das heißt, man sollte nicht *Worte* auf die Goldwaage legen, sondern allenfalls dahinter stehende *Probleme* ansprechen. Wenn Streit in einem solchem Klima erfolgt, muss dies für den Gemeindeaufbau nicht hinderlich, sondern wird für diesen in der Regel sogar förderlich sein.

6. Seien Sie freundlich zu den Zögerern, aber bewegen Sie sich mit den Bewegern!

Warten Sie nicht darauf, dass alle Gemeindeglieder begeistert mitziehen, wenn Sie einen Gottesdienst für Kirchendistanzierte einführen wollen. Dies zu erwarten wäre völlig illusorisch. Keine Gemeinde kann dem persönlichen Geschmack jedes einzelnen Mitglieds entsprechen. So liebevoll Sie auch vorgehen und so viel Sie auch aufklären, irgendjemand wird immer gegen die von Ihnen geplante Änderung sein und dies auch mehr oder minder lautstark äußern. Sie werden nie alle überzeugen können. Und an dieser Stelle sollten Sie auch kein Schlechtes Gewissen bekommen. Bei jeder Änderung, die Sie in der Gemeinde durchführen, können Sie mit 15–20 % Menschen rechnen, die diese Veränderung aktiv mittragen, mit 70 %, die zunächst passiv bleiben, sich aber mehr oder minder schnell daran gewöhnen, und 10–15 %, die sich der Veränderung teilweise mit aller Macht entgegenstellen werden. Das Problem vieler Pastoren ist, dass sie sehr sensibel auf den zum Teil sehr heftigen Einspruch »altbewährter« Gemeindeglieder reagieren und ihre Energie auf die 10–15 % Kritiker konzentrieren, statt diese in neue Multiplikatoren zu investieren.

Es kann nicht sein, dass man die Entwicklung einer Gemeinde aufhält, indem man auf eine kleine Anzahl Menschen Rücksicht nimmt, die in dieser Sache nicht einmal unbedingt von der Liebe zu Jesus, sondern von ihrer persönlichen Agenda und ihren persönlichen Vorlieben getrieben sind. Die Wahrheit ist die: Wenn unsere Gemeinden sich nicht öffnen, werden wir die Menschen verlieren! Die Rezepte von heute oder gar von gestern sind nicht unbedingt die besten Ratgeber für die Zukunft – selbst wenn sie in der Vergangenheit durchaus erfolgreich waren. Die letzten sieben Worte der Gemeinde werden heißen: »Das haben wir noch nie so gemacht.« Darum: Wenn Sie von der geistlichen Notwendigkeit einer Veränderung überzeugt sind, holen Sie sich eine qualifizierte Anzahl Ihrer Schlüsselmitarbeiter und anderer Multiplikatoren mit an Bord, und dann setzen Sie die notwendige Veränderung behutsam, aber konsequent um.

7. Versuchen Sie unter allen Umständen, Ihren Pastor und Ihren Kirchenvorstand mit an Bord zu bekommen

Die evangelische Kirche kennt – im Unterschied zur katholischen – keine streng durchgeführte Hierarchie. Natürlich gibt es Richtlinien, an die sich eine Gemeinde zu halten hat, die sich evangelisch-landeskirchlich nennen will, aber *in der evangelischen Kirche hat der Pastor, wenn er sich mit seinem Kirchenvorstand einig ist, eigentlich einen relativ großen Spielraum.* Darum kommt es, wenn eine Gemeinde neue Wege beschreiten will, sehr stark darauf an, dass der Pastor und sein Kirchenvorstand an einem Strick ziehen.

Wir haben das Glück, dass dies bei uns der Fall ist. Oft werde ich gefragt, wie das kommt. Kirchenvorsteher werden demokratisch gewählt und der Pastor hat nur bedingt Einfluss auf die Kandidatenauswahl. Aber die »Pflege«

seiner Kirchenvorsteher und möglicher Kandidaten für den Kirchenvorstand sollte einen wichtigen Teil seiner Arbeit ausmachen. Schritte des Gemeindeaufbaus sollten nie nur von einigen wenigen Personen, sondern von einer qualifizierten Gruppe mitgetragen werden. Diese muss erst gewonnen werden. Eine solche behutsame Vorgehensweise kostet durchaus Zeit und so manchen Umweg, aber es macht in den seltensten Fällen Sinn, die Schlüsselmitarbeiter bei geplanten Änderungen außen vor zulassen. In unserer Gemeinde hat es sich – neben einer jährlichen Wochenendfreizeit zu einem Thema des Gemeindeaufbaus – als wichtig erwiesen, am Anfang jeder Kirchenvorstands-Sitzung eine gute halbe Stunde über Perspektiven und Strategien des Gemeindeaufbaus zu reden, damit die entsprechenden Ziele nicht nur Sache des Pastors bleiben, sondern zu einer gemeinsamen Vision werden.

8. Binden Sie die Kirchenleitung möglichst frühzeitig mit ein

Die Frage, die uns von der Presse in nahezu jedem Interview gestellt wird, ist die: »Was sagt denn Ihre Kirchenleitung dazu?« Ich kann hierzu nur sagen, dass sich das Bild hier im Laufe der Jahre deutlich verschoben hat. Seitens der offiziellen Kirche sind unsere Schritte des Gemeindeaufbaus anfangs teils misstrauisch beäugt, teils wohlwollend gefördert worden, je nachdem, wen man fragte.

So manch offizielle Vorgabe von »oben« hielt und halte ich bis heute für den Gemeindeaufbau nicht gerade für förderlich. Aber ich habe immer deutlich gemacht, dass ich für diese Kirche arbeite und ihr auch in meiner Kritik loyal gegenüberstehe. Darum haben wir von Anfang an die kirchenleitenden Stellen in unsere Schritte einzubinden versucht. Ich kann mich an keine wesentliche Weichenstellung in unserer Gemeinde erinnern, die ich nicht vorher mit meinen Vorgesetzten abgesprochen hätte. Diese haben bestimmt nicht alles gemocht, was wir geplant haben, aber sie mussten nie den Eindruck haben, dass wir hinter ihrem Rücken oder gar gegen sie arbeiten. Und das hat eine Menge Verdächtigungen, die es am Anfang gab (»Wollen Sie eine Freikirche gründen?«), im Laufe der Zeit in sich zusammenfallen lassen. Mittlerweile sind wir da angekommen, dass die Kirche uns so sehr vertraut, dass sie uns (inmitten eines Sparprogramms von über 70 Millionen DM!) für drei Jahre eine zusätzliche Pfarrstelle bewilligt hat, um *GoSpecial* mit der normalen Gemeindearbeit zu verflechten.

9. Achten Sie auf einen guten Kommunikationsfluss zu den Nachbargemeinden

Eine Arbeit, die auf Kirchendistanzierte zielt, wird weit über die Kreise der eigentlichen Parochie hinaus wirken, das heißt, sie werden in Bereiche eingreifen und Menschen ansprechen, die eigentlich zu anderen Gemeinden gehören. Das wird eine Fülle von Irritationen auslösen, die durch etwaige theologische Differenzen noch verstärkt werden. Hier ist ein guter Kommunikationsfluss von außerordentlicher Relevanz.

An dieser Stelle muss ich selbst noch viel lernen. Ich habe mich im Kreis der Kollegen viel zu lange bedeckt gehalten und nicht gemerkt, wie sich anfängliche Irritationen zu handfesten Spannungen ausgebaut haben. Nachdem es in letzter Zeit einige Umgemeindungen (vor allem zu uns hin, aber auch von uns weg) gab, habe ich versucht, mit einigen meiner Kollegen folgende Absprache zu treffen: »Ich werbe niemanden aus Ihrer Gemeinde ab, aber wenn Leute kommen und in unserer Gemeinde ein Zuhause finden, schicke ich sie auch nicht weg. Umgekehrt gilt für mich das Gleiche: Ich lasse Leute, die sich bei Ihnen wohler fühlen, ziehen und bin damit völlig im Frieden, ja ich freue mich aufrichtig, dass sie ein geistliches Zuhause bei Ihnen finden. Lassen Sie uns unsere verschiedenen

Konzepte nicht als ein Gegeneinander, sondern als Ergänzung ansehen.«

Es muss nicht der Pastor sein, aber irgendjemand muss den Kontakt zu den Nachbargemeinden (auch den Gemeinden anderer Konfessionen!) halten und sie über Dinge informieren, die ihren Zuständigkeitsbereich berühren. Das wird nicht immer ganz spannungsfrei ablaufen, aber in Ruhe ausgesprochene Spannungen sind besser als solche, die man unter den Teppich kehrt und die sich auf Dauer zu schweren Problemen entwickeln.

10. Machen Sie sich nichts aus dummen Gerüchten, verleumderischen Presseartikeln und Ähnlichem

Gegen so etwas kann man sich nicht wehren, sie begleiten fast jede gute Arbeit. Nur eine profillose Arbeit bietet keine Angriffsflächen. Wenn manche Gegner der Veränderung sehen, dass sie mit legitimen Mitteln nichts mehr ausrichten, greifen sie eben zu illegitimen Mitteln. Sie streuen Gerüchte, stellen Ihre Motive vor anderen in Frage, streuen das subtile Gift der Verächtlichmachung, geben Dinge an die Presse, die – gleich, ob wahr oder unwahr – einen hohen Schaden anrichten etc. Das Dumme ist: Je mehr man sich gegen so etwas wehrt, desto mehr setzen sich diese Dinge im Bewusstsein der Leute fest nach dem Motto: »Irgendetwas bleibt immer hängen«.

Darum plädiere ich dafür, genau zu überlegen, in welchem Fall man sich auf eine öffentliche Diskussion einlässt. Im Regelfall würde ich das nicht tun: Es ist sehr zeitaufwendig und bringt in der Regel wenig (und sehr oft sogar das Gegenteil von dem, was man erreichen möchte). Optimal ist es, wenn eine Gemeinde den Umgang mit öffentlichen und veröffentlichten Gerüchten an eine Art »Pressesprecher« delegiert. Das spart enorm Zeit und Energie, die Dinge liegen in einer Hand, und man kann entsprechende Anfragen an diese Person weiterleiten.

Kapitel 9

»Ist das überhaupt ein Gottesdienst?«

*Die häufigsten Fragen und Einwände
zu GoSpecial*

A uf unseren Seminaren, die wir über GoSpecial anbieten, stellt man uns immer wieder eine Fülle von
Fragen. Teils sind es konstruktive Fragen, die darauf zielen, wie man einen solchen Gottesdienst in der eigenen Gemeinde etablieren kann, oft sind es auch sehr
massive Einwände, die sich kritisch mit dem Konzept eines
Gottesdienstes für Kirchendistanzierte auseinandersetzen.
Im Folgenden finden Sie die 25 Fragen, die uns am häufigsten begegnet sind.

1. »Das ist ja gar kein richtiger Gottesdienst!«

Dies ist das mit Abstand häufigste Argument, das wir gegen die Durchführung unserer Gottesdienste für Kirchendistanzierte zu hören bekommen. Zweifellos sehen »Offene Gottesdienste« anders aus als die Gottesdienste, die wir sonst gewöhnt sind. Doch gottesdienstliche Formen sind zeitbedingt, und unsere persönlichen Empfindungen – die in der Regel auf unserer Sozialisation beruhen – dürfen nicht zum Maßstab dafür erhoben werden, was als Gottesdienst gelten darf und was nicht. Der Einwand, dass einige Elemente (wie etwa das Theaterstück, Interviews oder das Kreuzverhör) so in der Bibel nicht vorkommen, würde im Prinzip auch gegen den schwarzen Talar, die Orgel oder die Verwendung von Lautsprecheranlagen sprechen. Aber vor einem solchen Bibelverständnis sollten wir uns hüten.

Interessanterweise überliefert uns die Bibel überhaupt keine feste Gottesdienstordnung. Was wir von den biblischen Gottesdiensten kennen, ist ausgesprochen vielfältig und gar nicht unter einen Hut zu bringen. Ganz offensichtlich wollte Gott uns in dieser Hinsicht gerade nicht auf ein bestimmtes Konzept festlegen. Er wollte, dass die Gemeinde in dieser Beziehung alle Freiheit hat, ihre Gottesdienste jeweils in den Formen und in der Sprache auszudrücken, die die Leute jeweils zu ihrer Zeit verstehen.

Vielleicht wenden Sie ein, dass ein erheblicher Teil der Gottesdienstbesucher keine Christen sind. Das stimmt. Doch wenn Sie einen Gottesdienst wie *GoSpecial* besuchen, finden Sie dort Elemente wie eine Predigt, eine Schriftlesung, geistliche Lieder, eine Fürbitte mit Vaterunser und ein Segenslied – wie um alles in der Welt sollte man eine solche Veranstaltung sonst nennen? Einige Momente – etwa die Fürbitte oder das eine oder andere Lied – sind sehr, sehr dicht und bewegend, und man kann bei aller entspannter Grundatmosphäre spüren, wie betroffen einige der Besucher sind. In manchen Gottesdiensten kehren frühere »verlorene Söhne« nach Hause, andere beschließen, es zu tun, und sie machen sich nach dem Gottesdienst auf den Weg zurück zum Vater. In diesen Gottesdiensten passiert geistlich gesehen mehr als in manchem liturgisch zwar korrekten, aber mit keinerlei Leben gefülltem Gottesdienst, bei dem wir diese Bezeichnung nie in Frage stellen würden.

Ich definiere Gottesdienst wie folgt: »Gottesdienst ist die Gemeinschaft Gottes mit seinem Volk auf Erden, in der die Menschen Gott ihr Lob und ihre Gebete darbringen und Gott ihnen seine Gnade in Wort und Sakrament zuweist.« Wenn bei einer solchen Veranstaltung – sei es aus Zufall oder intendiert – Menschen dabei sind, die noch keine Christen sind, wird es dadurch weniger ein Gottesdienst? Gott hat Gemeinschaft mit seinem Volk. Die anwesenden Nichtchristen gehören zwar noch nicht zu diesem Volk, aber das kann sich erfahrungsgemäß sehr schnell ändern, wenn diese Menschen spüren, dass sie uns und Gott wichtig sind und dass wir sie gerne in unsere Mitte nehmen und an unseren Gottesdiensten teilhaben lassen und großen Wert darauf legen, dass ihnen diese Gottesdienste »etwas geben«.

2. »Kirche sollte zuerst für die Christen da sein.«

Das kann man auch anders sehen. Dietrich Bonhoeffer beispielsweise hat gesagt, Kirche sei nur in dem Maße Kirche, in dem sie für andere da sei. Doch im Grunde ist es zweitrangig, was Dietrich Bonhoeffer oder wir sagen. Wichtig ist, was die Bibel zu diesem Thema sagt. Und der lässt sich an keiner einzigen Stelle entnehmen, dass die Kirche ihren Sinn in sich selber hat. Jesus sagt sogar, dass wir im Zweifelsfall 99 Schafe allein lassen sollen, um uns auf die Suche nach dem einen verlorenen zu machen. Wie viel mehr müssen wir in unserer heutigen volkskirchlichen Situation bereit sein, gegebenenfalls das eine verbliebene Schaf zurückzulassen, um uns auf die Suche nach den 99 verlorenen zu machen! Mein Vorschlag wäre, dieses eine Schaf auf der Suche nach den 99 verlorenen mitzunehmen und an der Suche zu beteiligen. Auf diese Weise kann man sowohl für das eine wie für die 99 da sein.

Übrigens spielt keine der uns bekannten Gemeinden, die Gottesdienste für Kirchendistanzierte anbieten, diese gegen »normale« Gottesdienste aus. Sie alle haben ganz selbstverständlich solche Gottesdienste für Gläubige als Ergänzung und Weiterführung im Angebot. Sie bieten sowohl Gottesdienste für das eine als auch für die 99 Schafe an. Die Frage, was wichtiger sei, bewegt sich etwa auf der gleichen Ebene wie die Frage, ob es wichtiger sei, ein Kind zu zeugen oder es zu ernähren. Ich denke, beides macht ohne das jeweils andere nicht viel Sinn.

3. »Gottesdienste für Kirchendistanzierte verwässern das Evangelium.«

Von allen kritischen Einwänden ist dies derjenige, den wir am intensivsten prüfen müssen. Das große Problem ist, dass viele unserer Kritiker kaum unterscheiden zwischen einem Gottesdienst, der ihnen persönlich nicht gefällt, und einem Gottesdienst, der die Grundlage des Evangeliums verlassen hat. Manche Leute sind schon geneigt, einen Gottesdienst für blasphemisch zu erachten, weil dort öfters gelacht oder das Vaterunser ausgelassen wird. Darum gilt es, genau hinzuhören, wenn jemand mit diesem Einwand kommt. Was meint dieser Kritiker wirklich? Denn es ist in der Tat eine ständige Gratwanderung: Der Versuch, Gottesdienste auf das Lebensgefühl von Kirchendistanzierten hinzukomponieren, kann sehr leicht zur Versuchung werden, das Evangelium zu verdünnen oder zu verbergen. Doch abgesehen davon, dass uns das von der Heiligen Schrift her nicht erlaubt ist (vgl. Galater 1,9–10), werden wir mit einer solchen Verwässerung des Evangeliums auch nicht viel Erfolg haben. Vielmehr wird Folgendes passie-

172

ren: Wir werden uns der Gesellschaft um uns herum mehr und mehr anpassen, bis wir von ihr nicht mehr zu unterscheiden sind, und dann werden sich die Leute, die – durch die nette Verpackung angelockt – zu uns kommen, nach einiger Zeit wieder zurückziehen, weil sie nämlich diese Verpackung im Fernsehen oder auf Rockkonzerten oder wo auch immer sehr viel perfekter geboten bekommen. Nein, wir werden die Leute, die vielleicht zunächst nur auf Grund der »Verpackung« gekommen sind, nur halten können, wenn wir ihnen als Inhalt das glasklar formulierte, unverfälschte Evangelium anbieten. Die Herausforderung an uns bleibt also, kulturell relevant zu sein, was die Form dieser Gottesdienste anbetrifft, aber, was die Inhalte anbetrifft, keine Kompromisse zu machen. Unsere Devise muss daher lauten: »Wir wollen zeitgemäß im Stil sein, aber schriftgemäß in der Aussage.«

4. »Verkaufen wir mit einem modernen Gottesdienst nicht unser ›lutherisches Erbe‹?«

Unsinn! Das genaue Gegenteil ist richtig, denn Luther hat doch genau dies gemacht, als er neue, zeitgemäße, dem Lebensgefühl der damaligen Menschen angepasste Gottesdienste einführte! Er schaffte im Gottesdienst das altehrwürdige Latein ab und übersetzte die Bibel in die Umgangssprache der damaligen Zeit, in etwas, das wir heute als Gassendeutsch bezeichnen würden. Er und die Reformatoren warfen kurzerhand die heiligen gregorianischen Gesänge aus dem Normalgottesdienst heraus und schrieben ihre eigenen, deutschen Lieder. In vielen Fällen sah das so aus, dass sie die Tanzlieder, die Gassenhauer, die *Top Ten* der damaligen Zeit aufnahmen und mit christlichen Texten versahen. Jetzt frage ich mich: Was ist eigentlich geschehen, dass man die Lieder und die Sprache und die Gottesdienstform, die Luther damals benutzt hat, weil sie damals hochaktuell und auf der Höhe der Zeit waren, für Jahrhunderte festgefroren hat als »die« sakrale Sprache, als »das« sakrale Liedgut, als »die« gültige Gottesdienst-form, und das auch noch »lutherisch« genannt hat?

Ich frage mich: Was ist »lutherischer«: Wenn man die gleiche Sprache und die gleichen Lieder wie Luther damals benutzt oder wenn man das gleiche tut wie Luther, nämlich dass man Traditionen, so alt und ehrwürdig sie auch sein mögen, daraufhin befragt, ob sie dem Lebensgefühl des modernen Menschen überhaupt noch entsprechen – und wenn man sie daraufhin ändert? Das wirkliche »Erbe« Lu-thers, das es zu bewahren gilt (und dem auch wir uns in Niederhöchstadt verpflichtet fühlen), besteht in seiner Leh-re, nicht in den von ihm entwickelten Gottesdienstformen. Denn das Wesentliche, was über diese Formen zu sagen ist, ist, dass er sie nahe am Puls ihrer Zeit halten wollte.

5. »*Willow Creek* ist eine Sekte!«

Es gibt kaum einen wirksameren theologischen Einschüch-terungsversuch als die Etikettierung einer kirchlichen Gruppe oder Gemeinde als »fundamentalistisch« oder als »Sekte«. Viele seriöse Freikirchen haben mit diesem *Label* zu kämpfen, und selbst wir müssen uns bisweilen mit die-sem Vorwurf auseinandersetzen, obwohl wir eine ganz nor-male landeskirchliche Gemeinde sind. Wer eine Freikirche, *Willow Creek* oder auch unsere Gemeinde als »Sekte« be-zeichnet, muss erst einmal sagen, was er unter diesem Be-griff versteht. Es gibt nämlich verschiedene Definitionen. Vom Wort her bedeutet »Sekte« so viel wie »Abspaltung«. In diesem Sinn ist das Christentum eine jüdische und die evangelische Kirche eine katholische Sekte. *Willow Creek* indes hat sich von keiner anderen Kirche abgespalten, son-dern ist eine Gemeindeneugründung und wäre in diesem Sinne also gerade keine Sekte. Und unsere Gemeinde auch nicht, weil wir uns von unserer Landeskirche nicht abge-spalten haben und auch nicht planen, dies zu tun.

Eine zweite, eher inhaltliche Definition besagt, dass alles das als »Sekte« zu bezeichnen ist, was einen Nebenbereich des christlichen Glaubens abspaltet und zu dessen Eigentlichem erhebt. Nicht mehr die Rechtfertigung des Sünders allein durch Jesu Kreuz und Auferstehung steht dann im Mittelpunkt, sondern in der Regel ein neuer Heilsbringer oder ein bestimmtes Gesetz, das der Mensch erfüllen muss, wenn er in den Himmel kommen will. Definiert man den Begriff der Sekte so, dann lässt sich deutlich zeigen, dass eine Gemeinde wie *Willow Creek* die gleiche Mitte hat wie beispielsweise unsere evangelische Kirche. Ja, es lässt sich sogar fragen, ob diese Mitte nicht in mancher Gemeinde innerhalb der Landeskirche mehr in Frage gestellt ist als in *Willow Creek*.

Eine dritte Definition des Wortes »Sekte« ist eher etwas schwammig – dafür aber sehr verbreitet – und bezieht sich vor allem auf die unangenehmen »Nebenwirkungen« einer Religionsgemeinschaft: Die Person eines Guru, der man sich absolut zu unterwerfen hat; der blinde Glaube, der einem abverlangt wird; der Gruppendruck, der oft ausgeübt wird; die negativen Persönlichkeitsveränderungen; Ängste; Fanatismus usw. Glauben Sie uns: Wir waren alle drei in *Willow Creek* und haben intensiv nach derartigen Symptomen Ausschau gehalten und nichts dergleichen gefunden. Wenn Sie, was unsere Gemeinde anbetrifft, Zweifel haben, kommen Sie und prüfen Sie es nach!

6. »Würde GoSpecial auch mit einem anderen theologischen Konzept funktionieren?«

Offen gesagt, wir wissen es nicht. Das Geheimnis von *GoSpecial* ist die spezifische Kombination aus einer eher konservativen Theologie und einer modernen Formgebung. Sowohl das eine wie auch das andere gibt es in unserer Kirche eher selten, das Zusammenspiel dieser beiden Elemente macht uns vollends zum »bunten Hund«. Wir führen unseren Erfolg aber auf eben diese Mixtur zurück. Ein moderner Gottesdienst allein bringt noch nicht viel. Er wird einige Leute anziehen, aber sie werden auch schnell wieder gehen, wenn sie nicht wirklich mit dem Evangelium in Berührung kommen und Gott kennen lernen, in die Gemeinde integriert werden, im Glauben wachsen usw. Darum haben wir in dieses Buch das Kapitel 7 über das theologische Konzept hinter *GoSpecial* eingefügt. Wir glauben, dass ein Gottesdienst wie *GoSpecial* nur innerhalb einer solchen Gesamtkonzeption Sinn macht. Es nützt nichts, die Sprache der Menschen zu sprechen, wenn man vergessen hat, was man eigentlich sagen will. Welche spezielle theologische Einfärbung Sie Ihrer Arbeit innerhalb eines solchen Grundkonzeptes aber dann verleihen, ob zum Beispiel eher evangelikal oder charismatisch (wir würden uns weder mit dem einen noch mit dem anderen Etikett identifizieren) oder wie auch immer, das erscheint uns eher zweitrangig.

7. »Ihre Gemeindearbeit steht und fällt mit Ihrem Pastor«

Dieser Einwand wird teils kritisch (Vorwurf der Pfarrerzentrierung oder gar des Personenkults), teils resigniert (»weil wir einen anderen Pastor haben, wird das bei uns nicht funktionieren«) vorgebracht. Doch er ist schlicht und ergreifend nicht wahr. Natürlich wird niemand leugnen, dass die Entwicklung unserer Gemeinde in den letzten Jahren sehr stark mit der Person des hiesigen Pfarrers zu tun hatte. Er hat sie in gewisser Weise »ausgelöst« und leitet sie. Aber von einem Personenkult kann in der Gemeinde überhaupt keine Rede sein. Dafür liegen die Schwächen des Pastors für jeden, der diese Gemeinde länger als ein halbes Jahr kennt, viel zu offen zu Tage. Das Geheimnis der Gemeinde ist nicht die Orientierung an einer Person, sondern an grundlegenden Basisprinzipien, die für jede

Gemeinde Gültigkeit haben, egal, welche Art Pastor sie hat (vgl. hierzu das hervorragende Buch über die »Natürliche Gemeindeentwicklung« von Christian Schwarz). Eines dieser Prinzipien lautet, dass der Pastor nicht zum Hindernis für den Gemeindeaufbau werden darf, indem er alles an sich reißt und selbst macht. Er muss leiten, indem er andere Leiter freisetzt. Genau dies passiert bei uns. Darum gibt es wohl nur wenige Gemeinden, die derartig dezentralisiert arbeiten wie die Andreasgemeinde. Fast alle Bereiche der Gemeindearbeit liegen nicht (mehr) in der Zuständigkeit des Pastors. Beispielsweise auch *GoSpecial*.

8. »Bewirkt man mit der Einführung von Gottesdiensten für Kirchendistanzierte nicht eine Gemeindespaltung?«

Dies ist ein relativ häufig zu hörender Einwand. Hier wird man eine gewisse Hygiene an den Tag legen müssen, was den Umgang mit dem Wort »Spaltung« anbetrifft. Eine Gemeindespaltung liegt dort vor, wo sich die Gemeindeleitung in zentralen Fragen uneins ist oder wenn Menschen aus der Gemeinde bewusst einen Kurs gegen die Gemeindeleitung steuern. Hingegen wird es immer so sein, dass eine volkskirchliche Gemeinde, die »Profil zeigt« und deutlich sagt, wofür sie steht und was sie möchte, bei ihren Mitgliedern nicht nur Begeisterung hervorruft. Es wird immer Menschen geben, die sich davon angesprochen fühlen, und auf der anderen Seite Menschen, denen dieses Konzept mehr oder minder missfällt. Wenn Ihre Vision von Gemeinde biblisch ist, sollten Sie diese Vision nicht um derer willen, denen das nicht behagt, zurückschrauben. Dieser Vorgang ist schmerzhaft, aber noch keine Spaltung! Ich würde ihn eher als »Sichtung« bezeichnen. Die einzige Möglichkeit, eine solche Sichtung zu vermeiden, ist der in vielen Gemeinden gewählte Weg, überhaupt kein Profil zu zeigen, sondern es allen recht machen zu wollen. Das Ergebnis aller Versuche, es in der Kirche allen recht machen zu wollen, aber sind in aller Regel kraftlose Gemeinden, leere Gottesdienste und kaum besuchte Gemeindeveranstaltungen – auf Deutsch: eine Spaltung *par excellence*! Die Gemeinde wird nämlich gespalten in eine kleine Gruppe, die noch in die Kirche geht und die weit überwiegende Mehrheit von über 95 %, die es vorzieht, zu Hause zu bleiben. Letztere Gruppe zu motivieren, in einen – wenn auch anders gearteten – Gottesdienst zu kommen, wäre eher ein erster Schritt zur Überwindung dieser Spaltung.

Natürlich ist die Möglichkeit nicht von der Hand zu weisen, dass sich aus zwei verschiedenen Gottesdiensten letztendlich zwei verschiedene Gemeinden entwickeln. Doch wäre das wirklich eine Katastrophe? In der Natur ist Zellteilung ein durchaus gesunder Vorgang. Ob das negative Wort »Spaltung« hier am Platz ist, wird im Wesentlichen von drei Faktoren abhängen: Erstens, dass beide Gottesdienstformen in der Gemeinde nicht als Konkurrenz, sondern als gegenseitige Ergänzung verstanden werden; zweitens, ob man sich in der Gemeinde über die gemeinsame Mitte, um die beide Gottesdienstformen kreisen, einig ist; und drittens, ob und wie stark der Gottesdienst für Kirchendistanzierte in das restliche Gemeindeleben integriert ist, ob es eine geeignete Infrastruktur mit Glaubenskursen, Kleingruppen, Seminaren usw. gibt, in denen Mitglieder beider Gruppen sich begegnen und Gemeinschaft haben können. In unserer Gemeinde hat die Einführung von *Go-Special* die Gemeinde nicht gespalten (obwohl es natürlich hier und dort Kritik gegeben hat), sondern insgesamt eher zu einer Einheit formiert.

9. »Die Andreasgemeinde zieht Mitarbeiter aus anderen Gemeinden ab.«

In der Tat wirkt unsere Gemeinde teilweise weit über die Grenzen Niederhöchstadts hinaus. Unser spezielles Profil hat zur Folge, dass auch Menschen aus anderen Gemeinden zu uns kommen, so wie auch umgekehrt Menschen aus Niederhöchstadt, die sich bei uns nicht wohl fühlen, teilweise in andere Gemeinden abgewandert sind. Und das ist auch in Ordnung so. Wichtig ist, dass Menschen ein geistliches Zuhause finden, egal, wo. Keine Gemeinde kann die Bedürfnisse aller Menschen befriedigen. Die weit überwiegende Mehrheit unserer nicht ortsansässigen Mitarbeiter sind aber vorher keine aktiven Mitglieder ihrer Gemeinden gewesen. Wenn Menschen aus anderen Gemeinden bei uns mitarbeiten wollen, weisen wir sie in der Regel nicht zurück. Aber wir werben sie auch nicht ab. Im Gegenteil: Es ist Bestandteil unserer Vision, aktive Christen, die von außen zu uns kommen, zu ermutigen, die bei uns empfangenen Impulse in ihren Gemeinden umzusetzen.

10. »Grenzen Sie mit der Festlegung einer Zielgruppe nicht viele Menschen aus?«

Diese Frage ist in gewisser Hinsicht eine Variante zu der vorherigen. Auch hier appelliere ich an die Verantwortung zur sprachlichen Hygiene: »Ausgrenzen« ist ein ausgesprochen hässlicher, abwertender Begriff, der in den seltensten Fällen fair angewandt wird. Jemanden in der Gemeinde »ausgrenzen« hieße, ihm zu sagen oder zu signalisieren: »Du gehörst nicht zur Gemeinde Jesu!« Hier wäre der Begriff korrekt angewandt. Nicht richtig angewandt wird der Begriff dort, wo innerhalb der Gemeinde bestimmte Zielgruppen angesprochen werden. So käme niemand auf die Idee, dass durch die Tatsache, dass es in einer Gemeinde einen Kinderkreis gibt, die Alten »ausgegrenzt« werden, oder dass ein Frauenkreis Männer oder eine Selbsthilfegruppe für Alkoholiker Nichttrinker »ausgrenzt« etc.

Wir haben bereits an anderer Stelle in diesem Buch unsere These begründet, dass jeder Gottesdienst in gewisser Weise eine Zielgruppenveranstaltung ist, auch wenn er manchmal einen anderslautenden Anspruch erhebt. Die Menschen in unserer Gesellschaft sind viel zu vielfältig, als dass wir sie mit einem einzigen, universalen Gottesdienstkonzept erreichen könnten. Wo also geschieht es eher, dass Menschen »ausgegrenzt« werden: Dort, wo es nur ein einziges Gottesdienstkonzept gibt, oder dort, wo für mehrere Gruppen verschiedene solcher Konzepte angeboten werden? In unserer Gemeinde haben wir den Weg gewählt, zunächst einmal die Menschen zur Zielgruppe zu erheben, die von unseren herkömmlichen Gottesdiensten normalerweise nicht angesprochen werden. Damit hatten wir zunächst zwei gottesdienstliche Zielgruppen und erreichten mit einem Schlag deutlich viel mehr Leute als früher (wobei wir es allerdings nicht vermeiden konnten, dass sich eine Hand voll Menschen partout dadurch »ausgegrenzt« fühlen wollte, dass ihnen der neue Gottesdienst nicht gefiel). Mittlerweile haben wir, wie Sie diesem Buch entnehmen konnten, vier verschiedene Gottesdienstkonzepte. Auch damit erreichen wir bei weitem nicht alle Menschen, die nominell zu unserer Gemeinde gehören, aber immer mehr.

11. »Gottesdienste für Kirchendistanzierte haben keinen Tiefgang.«

Das ist ein (Vor-)Urteil, das ich nicht nachvollziehen kann. Glauben Sie im Ernst, dass wir im Monat Hunderte von Stunden investieren, um eine größtmögliche Oberflächlichkeit zu erreichen? Wir haben in *GoSpecial* den Anspruch, ganz tiefe Schichten in der Persönlichkeitsstruktur unserer Besucher anzusprechen und zu aktivieren. Dazu sprechen wir Themen an, die die Menschen wirklich bewegen, verwenden eine Musik, die ihnen zu Herzen geht, und setzen Theaterstücke ein, die Fragen in ihnen wachrufen usw. Das Ergebnis ist, dass viele Menschen tief berührt werden. Sie fangen neu an, über den Glauben nachzudenken, sie öffnen sich mehr und mehr, und viele von ihnen wagen tatsächlich einen neuen Anfang mit Jesus. Ihr Leben verändert sich, sie beginnen, Gott anzubeten, in der Gemeinde mitzuarbeiten und andere mitzubringen. Was, bitte schön, könnte noch tiefer gehen?

12. »Das ist doch alles nur Show!«

Jemand, der eine »Show« abzieht, stellt etwas dar, was durch sein Leben nicht abgedeckt ist. Ich kann Ihnen versichern, dass das, was wir machen, echt ist und viel, viel Herzblut in die Gestaltung jedes einzelnen Gottesdienstes fließt. Wir meinen das, was wir sagen, und wir haben ein hochgradig missionarisches Anliegen. Das Geheimnis von *GoSpecial* liegt nicht in seiner äußeren Erscheinungsform, sondern in der inneren Motivation seiner Trägergruppe. Insofern weisen wir den Ausdruck »Show« entschieden zurück.

Doch fragen wir einen Schritt weiter: Wieso kommt es immer wieder zu diesem Vorwurf? Er entzündet sich wahrscheinlich daran, dass es – anders als im traditionellen evangelischen Gottesdienst – in *GoSpecial* nicht nur etwas zu hören, sondern auch sehr stark etwas zu sehen und zu erleben gibt. Ähnliches kennt man in der Tat aus dem Showgeschäft. Wir glauben, dass das dem Lebensgefühl des modernen Menschen in besonderer Weise entspricht. Die Menschen, die mit Fernsehen, Fotos, Video und Computern groß geworden sind, wollen die Musik, die Akteure und die Botschaft in unseren Gottesdiensten nicht nur hören, sondern auch sehen. Sie wollen im Gottesdienst nicht nur etwas erzählt oder vorgesungen bekommen, sondern etwas erfahren. Darum sprechen wir in unseren Gottesdiensten sehr stark die verschiedenen Sinne an und verwenden tatsächlich Elemente, die die Menschen auch aus anderen Bereichen kennen, um ihnen die Botschaft von Jesus Christus zu bringen.

Diese Elemente sind es, die – weil man sie sonst nicht in der Kirche findet – in der Regel Nachrichtenwert haben und von den Medien hervorgehoben werden. Sie sprechen sich herum, machen neugierig, sprechen die Leute an. Und das ist okay so. Wenn wir die Menschen von heute ansprechen wollen, müssen wir das auf den Kanälen tun, auf denen sie empfangsbereit sind. Jeder Missionar lernt die Sprache des Volkes, dem er das Evangelium bringen will, damit er sich mit dem, was er sagen will, auch verständlich machen will. In vergleichbarer Weise muss auch die Kirche hierzulande die »Sprache« der Menschen sprechen, die sie erreichen will. Das ist für uns nicht eine Frage der Show, sondern der Liebe. Interessanterweise haben bei unseren Auswertungen in über zwei Jahren *GoSpecial* die Leute fast jedes Mal die Predigt mit den höchsten Bewertungen versehen. Das heißt: Die Leute kommen beim ersten Mal vielleicht wegen der äußeren »Show«, aber auf Dauer kommen sie wieder wegen der Predigt. Und solange das so ist, denke ich, kann man nicht davon reden, dass *GoSpecial* »nur Show« sei.

13. »Sie biedern sich ja an!«

Bereits früher in diesem Buch haben wir auf 1. Korinther 9, 19-23 hingewiesen, wo Paulus schreibt:

> »Denn obwohl ich frei bin von jedermann, habe ich doch mich selbst jedermann zum Knecht gemacht, damit ich möglichst viele gewinne. Den Juden bin ich wie ein Jude geworden, damit ich die Juden gewinne. Denen, die unter dem Gesetz sind, bin ich wie einer unter dem Gesetz geworden – obwohl ich selbst nicht unter dem Gesetz bin –, damit ich die, die unter dem Gesetz sind, gewinne. Denen, die ohne Gesetz sind, bin ich wie einer ohne Gesetz geworden […], damit ich die, die ohne Gesetz sind, gewinne. Den Schwachen bin ich ein

182

Schwacher geworden, damit ich die Schwachen gewinne. Ich bin allen alles geworden, damit ich auf alle Weise einige rette.«

Wenn Sie das als Anbiederung bezeichnen möchten, dann will ich mir diesen Vorwurf gerne machen lassen. Jedenfalls kann ich mit diesem Vorwurf besser leben als mit dem anderen: dass es uns nämlich nicht interessiert, was einen nichtkirchlichen Menschen noch einmal in Berührung mit dem Evangelium bringen könnte. Für uns vom *GoSpecial*-Team ist die Tatsache, dass wir uns Gedanken machen, wie wir unseren Besuchern ein Programm anbieten können, das ihrem Lebensgefühl entspricht, kein Anbiedern, sondern eine Form von Liebe. Gerade in diesen Tagen schrieb uns jemand: »Kommen wir mit Liebdienerei wirklich weiter?« Unsere Antwort lautet: Womit sollen wir denn sonst weiterkommen, wenn nicht dadurch, dass wir die Menschen lieben und ihnen dienen?

14. »Das ist ja amerikanisch!«

Kein Zweifel, die Idee, Gottesdienste für Kirchendistanzierte anzubieten, kam uns (den Autoren dieses Buches) in Amerika. Dort gehören solche Gottesdienste in vielen Gemeinden bereits zum guten Standard. Unsere Besuche in *Willow Creek* waren in der Tat die Initialzündung für die Idee, so etwas auch einmal in Deutschland zu versuchen. Doch wir haben, wie aus diesem Buch deutlich geworden sein sollte, das Modell *Willow Creek* nicht im Maßstab 1:1 auf unsere deutschen Verhältnisse übertragen (genauso wenig, wie wir Ihnen empfehlen, das Modell von *GoSpecial* 1:1 auf Ihre Verhältnisse zu übertragen). Das war schon deswegen völlig unmöglich, weil wir nicht einmal 1 % der finanziellen Mittel haben, die einer Gemeinde wie *Willow Creek* zur Verfügung stehen. Wir haben weder die räumlichen Möglichkeiten noch 350 hauptamtliche oder Tausende ehrenamtliche Mitarbeiter noch das technische Equipment, und das wirkt sich natürlich auch auf die Gestaltung der Gottesdienste aus. Außerdem hat die Umfrage, die wir bei uns durchgeführt haben, zum Teil ganz andere Ergebnisse gebracht als die Umfrage, die seinerzeit in *Willow Creek* durchgeführt wurde. Selbstverständlich haben wir uns in solchen Fällen nicht am Modell »*Willow Creek*«, sondern an den Ergebnissen der Umfrage orientiert. So führen wir unsere Gottesdienste für Kirchendistanzierte nicht wöchentlich, sondern nur einmal im Monat durch, wir haben zwei Moderatoren, bei uns wird sehr viel mehr gelacht und auch mehr gesungen als in *Willow Creek*, bei uns muss der Prediger Rede und Antwort stehen, es werden Fürbitteanliegen gesammelt, Anonymität hat bei uns keinen so hohen Stellenwert usw. Obwohl uns keine Gemeinde in dieser Frage so sehr beeinflusst hat, sieht unser Gottesdienst in vielen Bereichen völlig anders aus als der in *Willow Creek*.

Im Übrigen muss man sich ernsthaft überlegen, inwieweit der Einwand, etwas sei »amerikanisch« als ernsthaftes Argument gelten darf. Wenn man damit meint, ein Modell sei nicht von einem Kulturkreis auf den anderen übertragbar, dann spricht das nicht gegen, sondern eher für die Einführung neu- und andersartiger Gottesdienste. Denn in Deutschland feiern wir, egal, ob im Osten oder Westen, ob in einem eher städtischen oder einem eher ländlichen Umfeld, überall doch sehr, sehr ähnliche Gottesdienste. Dabei sind die kulturellen Gemeinsamkeiten, die wir als Frankfurter Vorortgemeinde mit dem kulturellen Umfeld von *Willow Creek* haben, teilweise größer als die Ähnlichkeiten, die uns mit einer Dorfgemeinde in Bayern verbinden.

Oft schwingt in dem Einwand, diese Gottesdienste seien »zu amerikanisch«, ein reichlich elitärer Zwischenton mit, nach dem Motto: »Wir Europäer haben es doch nicht nötig, uns von den kulturell so weit unter uns stehenden Amerikanern sagen zu lassen, wie Kirche funktioniert.« Die Unterstellung, die Amerikaner seien auch in kirchlichen Belangen nicht in der Lage, etwas anderes als Fast Food herzustellen, ist ein großer Irrtum. Zweifellos stammen die Reformation oder die klassische Musik aus Westeuropa, aber der Zustand der europäischen Kirche gibt uns heute wenig Anlass dazu, derart auf blühende und wachsende Gemeinden herabzuschauen, nur weil sie aus Amerika kommen.

15. »So etwas funktioniert in Deutschland nicht!«

Auch dieses »Argument« begleitet uns seit den Anfängen von *GoSpecial* und hält sich mit erstaunlicher Hartnäckigkeit. Es ist grotesk: Die Leute sehen unsere rappelvolle Kirche und sagen teilweise immer noch: »So etwas funktioniert in Deutschland nicht.«

Warum – um alles in der Welt – soll ein Gottesdienst für Kirchendistanzierte in Deutschland nicht funktionieren? Wir haben hierzulande doch sehr viel mehr Kirchendistanzierte als die USA! Während über die Hälfte der amerikanischen Bevölkerung kirchlich gebunden ist, besuchen bei uns über 95 % der Menschen die Gottesdienste nicht mehr. Wenn es also ein Land auf dieser Welt gibt, in dem Gottesdienste für Kirchendistanzierte dringend nötig sind, dann in Deutschland, und ich frage mich, warum nicht wir, sondern einige Amerikaner auf diese Idee gekommen sind.

Jerry Butler, der Leiter der Auslandsarbeit der *Willow Creek Association,* erzählte mir einmal, dass *Willow Creek*, als sie in den 70er Jahren mit ihrer Arbeit begannen, überall mit dem Argument konfrontiert wurde: »So etwas kann hier nicht funktionieren. Das ist nicht amerikanisch genug.« Einmal abgesehen davon, dass derartige Etikettierungen in vielen Fällen einfach nicht zutreffen, sollten wir aufhören, so zu tun, als hätten Schlagworte wie »deutsch« oder »amerikanisch« auch nur den leisesten Hauch eines Argumentes.

16. »Sie gehen reichlich strategisch vor. Ist das überhaupt erlaubt? Wo bleibt da das Vertrauen in das Wirken des Heiligen Geistes?«

Ich frage einmal so: Wie backen Sie einen Kuchen? Sie schütten doch auch nicht eine Tüte Mehl und eine Tüte Zucker und den Rest Eier aus Ihrem Kühlschrank zusammen und packen das ganze zwei Stunden lang bei 80° in den Ofen, und überlassen es der Wirkung des Heiligen Geistes, dass daraus dann ein guter Kuchen wird. Vielmehr überlegen Sie ganz genau, welche Zutaten in welcher Menge Sie wie zusammenrühren und bei wie viel Grad Sie das Ganze wie lange backen wollen, damit das erwünschte Ergebnis herauskommt! Und kein Mensch käme auf die Idee die Frage zu stellen: »Darf man das denn, so strategisch vorgehen beim Backen?« – »Nun«, antworten Sie, »eine Gemeinde kann man sich aber nicht backen.« Also nehmen wir ein anderes Beispiel. Denken Sie sich einen Bauer oder einen Gärtner: Der überlegt, wenn er etwas von seinem Fach versteht, doch auch genau, wann er düngt, wann und was er wo sät, wann er hackt, gießt oder Unkraut jätet usw. Und kein Mensch würde auf die Idee kommen zu sagen: »Das ist doch der reine Machbarkeitswahn! Hör auf damit! Wo bleibt dein Vertrauen in das Wirken des Heiligen Geistes? Ist es nicht Gott, der allein das Wachstum schenkt?« Selbstverständlich schenkt Gott allein das Wachstum. Doch das hindert den Bauern nicht, die von Gott geschaffenen Gesetze des Wachstums zu studieren und entsprechend zu handeln: ganz gezielt, geradezu »strategisch«, wenn Sie es so wollen. Alles andere wäre auch nicht besonders fromm, sondern reichlich dumm.

Wir in unserer Gemeinde haben die Grundsatzentscheidung getroffen, dass wir nicht nur beim Kuchenbacken und beim Kartoffelanbau zielgerichtet vorgehen wollen, sondern auch beim Gemeindeaufbau. Natürlich ist es Gott allein, der auch hier das Wachstum schenkt. Aber wie das keinen noch so frommen Bauern oder Gärtner davon abhält, zielgerichtet zu handeln, so hält uns das auch nicht davon ab, ausgesprochen zielgerichtet vorzugehen. Wir versuchen, die Gesetze und Regeln zu studieren, nach denen Gott Gemeinden wachsen lässt, und lassen uns in unserem Handeln davon leiten. Natürlich haben wir damit immer noch keine Garantie, dass unsere Gemeinde wachsen wird. Aber sagen wir es einmal so: Die Chance ist so beträchtlich höher, als wenn wir die Dinge einfach dem freien Spiel der Kräfte überlassen und dieses freie Spiel der Kräfte womöglich noch mit dem Wirken des Heiligen Geistes gleichsetzen.

Der Vorwurf des »Machbarkeitswahns« kann sich zur alles niederwalzenden Killerphrase entwickeln, wenn nicht präzise unterschieden wird, was der Mensch nicht machen kann und was er sehr wohl tun kann und sogar tun *muss,* wenn er ein treuer Verwalter der ihm anvertrauten Gaben Gottes sein will. Kein Bauer kann aus eigener Kraft auch nur eine einzige Kartoffel hervorbringen. Aber er kann, wenn er die Gesetze des Jahreslaufes studiert und die Erfahrungen anderer Bauern mit den eigenen vergleicht, eine Menge dazu tun, dass auf seinem Beet wirklich Kartoffeln wachsen und nicht nur Unkraut oder eine vereinzelte Tomatenpflanze, die sich zufällig dorthin verirrt hat. In vergleichbarer Weise gilt, dass sich Gemeindeaufbau natürlich nicht »machen« lässt. Aber dass eine Gemeinde wächst, blüht und gedeiht, dazu kann man eine Menge tun – und man soll es auch tun!

17. »Wir kümmern uns in unserer Gemeinde nicht um Quantität, wir legen vielmehr Wert auf Qualität!«

In Ihrer Betonung der Relevanz von Qualität rennen Sie bei uns offene Türen ein. »Qualität« ist ein wichtiger Wert in unserer Gemeinde, und wir haben uns nicht wenig Kritik zugezogen, indem wir gesagt haben: Wir wollen in unseren Gottesdiensten und Kreisen qualitativ hochwertige Arbeit leisten. Quantität um ihrer selbst willen ist für uns kein Wert. Im Zweifelsfall würden auch wir allemal auf Qualität statt auf Quantität setzen. Doch ich denke nicht, dass man Qualität so ohne Weiteres gegen Quantität ausspielen darf. In unserem kleinen Ort wohnen Tausende von Menschen, die Christus noch nicht kennen. Was meinen Sie, worauf Gott mehr Wert legt: dass ihn möglichst viele wieder kennen lernen oder dass sie es auf qualifizierte Weise tun? Die Antwort lautet: Natürlich auf beides! Er möchte, dass möglichst viele Menschen Christen werden und dass sie es bleiben und im Glauben wachsen.

Außerdem glaube ich nicht an Qualitäten, für die sich auf Dauer kein Mensch interessiert. Ansprechende Themen, gute Predigten, mitreißende Musik, gekonntes Theater usw. – all dies sind Qualitäten, die sich aber in der Regel auch darin niederschlagen werden, dass auf Dauer mehr Menschen in die Gottesdienste kommen. Qualität, wenn sie denn wirklich vorhanden ist, zieht Menschen an! Beides steht in ganz engem Zusammenhang miteinander: Eine Gemeinde, die qualitativ gute Arbeit leistet, wird in der Regel auch quantitativ wachsen. Qualität bewirkt Quantität; eine gesteigerte Quantität aber ruft wiederum eine neue Qualität hervor. Es ist nicht nur ein quantitativer, sondern auch ein qualitativer Unterschied, ob Sie mit 20 oder 200 Leuten im Gottesdienst Gott loben, singen und preisen!

18. »Müssen Gottesdienste für Kirchendistanzierte unbedingt modern sein?«

Etwas ausgeführt lautet die Frage: »Kann es nicht auch ein für heutige Menschen attraktives Gottesdienstkonzept geben, dass sich gerade nicht aus dem Lebensgefühl der Moderne heraus versteht, sondern gerade im Gegenentwurf zu ihm?« Die Antwort: Ja, in der Tat. Die »Thomasmesse« oder die Gottesdienste von Taizé können als Beispiele dafür gelten. Oder denken Sie an den Strom von Menschen, die jedes Wochenende in Klöster wie Maria Laach oder Münsterschwarzach einfallen, um dort eine Spiritualität zu erleben, die ihre Attraktivität scheinbar gerade aus dem Gegensatz zur Moderne bezieht! Doch in einem Punkt sind diese Formen der Spiritualität allesamt »moderner« als unsere normalen evangelischen Gottesdienste. Genau gesagt, sie sind zwar nicht modern, aber sie befriedigen ein eminent modernes Bedürfnis: Sie sprechen nämlich sehr stark die Sinne an. Sie zielen nicht nur auf den Verstand, sondern geben den Menschen etwas zu riechen, zu sehen, zu hören und zu fühlen. Diese Gottesdienste sind schön. (Vergleichen Sie mal eine katholische Osternacht mit einem evangelischen Ostergottesdienst, dann wissen, was ich meine.) Ich würde es sehr begrüßen, wenn sich evangelische Gemeinden auf diesen Weg machen würden statt auf den von uns beschriebenen Weg in die Moderne. Das wäre eine echte Alternative und würde noch einmal ganz andere Menschen ansprechen, die wir in Niederhöchstadt nicht erreichen. Nur eines sollten Sie nicht tun, nämlich unter Hinweis auf diese Alternative den von uns vorgeschlagenen Weg ablehnen, den anderen aber auch nicht gehen.

19. »Unsere Gottesdienste sind ohnehin schon schwach besucht. Wir können es uns nicht leisten, einen zweiten Gottesdienst anzubieten.«

Verzeihung, aber das klingt ein wenig nach einer Milchmädchenrechnung: »Wir haben jetzt so lange an diesem Ort vergeblich nach unserem verlorenen Groschen gesucht, wir können es uns nicht leisten, ihn jetzt auch noch dort drüben zu suchen, wo wir ihn verloren haben.« Meiner Erfahrung nach sind schwach besuchte Normalgottesdienste kein Argument *gegen,* sondern eher *für* die Einrichtung neuartiger Gottesdienste! Unser *GoSpecial* war vom ersten Tag an mit Abstand besser besucht als unsere (ohnehin schon gut besuchten) Normalgottesdienste. Aber selbst wenn das nicht der Fall gewesen wäre, hätten wir damit weitergemacht, weil wir uns nämlich von Gott in diese Richtung geführt wussten. Und das ist der entscheidende Punkt: Wenn Gott von uns möchte, dass wir solche Gottesdienste anbieten, dann sollten wir diesen Weg auch gehen, ohne Angst vor einem möglichen Scheitern zu haben.

20. »Unser Pastor hat kein Faible für moderne Gottesdienste.«

Dies ist in der Tat ein sehr wunder Punkt. Die Frage ist allerdings, ob die Einrichtung eines Gottesdienstes für Kirchendistanzierte vom vorhandenen oder nicht vorhandenen »Faible« unserer Pastoren abhängen darf. Eigentlich sollte das für ihn eher eine Frage der Liebe und der Führung Gottes statt seiner Präferenzen sein. Ein Pastor sollte differenzieren können zwischen den Bedürfnissen der Menschen im Umfeld der Gemeinde und persönlichen Vorlieben.

Andererseits kann man von einem Apfelbaum nicht erwarten, dass er Birnen hervorbringt. Ein Pastor muss in dem, was er tut, ja authentisch sein. Ist das das »Aus« für einen modernen Gottesdienst in Ihrer Gemeinde? Nein, nicht unbedingt. Ist es das »Aus« für Ihren Pastor? Ebenfalls nein. Hier wird kein Weg daran vorbeiführen, dass sich engagierte Laien auf den Weg machen, solche Gottesdienste vorzubereiten und durchzuführen.

21. »Was sollen wir machen, wenn unser Pastor dagegen ist?«

Um es in aller Deutlichkeit zu sagen: Gottesdienste für Kirchendistanzierte ohne den Pastor einzuführen, ist schon schwer. Gottesdienste für Kirchendistanzierte *gegen* den Pastor einzuführen, ist ein Ding der Unmöglichkeit. Es ist doch in aller Regel so, dass der Pastor – wenn er nicht die bestimmende Figur in der Gemeinde schlechthin ist – so doch zumindest einen erheblichen Einfluss hat. Wenn er gegen »Offene Gottesdienste« ist, wird er seinen Einfluss dagegen geltend machen. Das Resultat ist am Ende eine gespaltene Gemeinde. Doch das möchte Gott sicherlich nicht. Wenn Sie also in Ihrer Gemeinde Gottesdienste für Kirchendistanzierte einführen wollen und der Pastor ist dagegen, dann haben Sie von der Bibel her nur zwei Möglichkeiten. Entweder Sie unterdrücken Ihre Gefühle, begraben Ihren Traum (bzw. verschieben ihn auf die fernere Zukunft) und unterstützen das Bestehende nach Ihren Kräften und Möglichkeiten. Oder Sie verlassen die Gemeinde und bringen sich woanders mit ein. Was Sie nicht haben, ist die Option Nr. 3: in der Gemeinde Stimmung gegen die Gemeindeleitung zu machen und die Gemeinde zu spalten.

22. »Es ist sehr mühsam, eine Gemeinde dazu zu bringen, dass sie sich ernsthaft auf Kirchendistanzierte einlässt. Ist es nicht einfacher, eine neue Gemeinde zu starten?«

Das Thema »Gemeindeneugründung« ist dankenswerterweise mittlerweile auch in der Landeskirche ein Thema. Die anglikanische Kirche in England hat gezeigt, wie so etwas aussehen kann, und mittlerweile gibt es auch in Deutschland in der Landeskirche erste Modelle. Lassen Sie mich zunächst sagen, dass das eine wie das andere eine sehr mühsame Sache ist. Wir haben bei uns den Weg der schrittweisen Veränderung der Gemeinde gewählt. Andererseits stehen wir in engem Kontakt mit vielen Pastoren, die den Weg der Gemeindegründung gegangen sind. Beides hat Vorteile, beides hat Nachteile. Vom Arbeitsaufwand her ist beides etwa vergleichbar. Insgesamt scheint mir das keine Frage zu sein, über die man eine Münze wirft. Die entscheidende Frage ist vielmehr die: Was will Gott von uns, dass wir es tun sollen? Das sollten Sie herausbekommen und diesen Weg auch gehen. Wir in Niederhöchstadt sind immer wieder gefragt worden, warum wir nicht den Weg der Gemeindegründung gegangen sind. Die Antwort lautet: »Weil Gott uns bislang nicht in diese Richtung geführt hat.« Das aber ist Gottes Weg mit uns und bedeutet nicht, dass Gott Sie nicht ganz anders führen kann.

23. »Wir sind nur wenige Leute, die den Traum von einer Kirche für Distanzierte träumen. Wie sollen wir starten?«

Unserer Erfahrung nach genügt es, wenn wenige Leute in der Gemeinde einen Traum träumen und konsequent an seiner Umsetzung arbeiten, um eine ganze Gemeinde dadurch zu verändern. Wenn der Pastor dabei ist, genügen im Extremfall zwei bis drei Menschen, wenn er nicht dabei (aber auch nicht dagegen) ist, braucht es mindestens sechs bis acht. Das Wichtigste ist, dass Sie sich absolut darüber im Klaren sind, was Ihre Vision ist. Formulieren Sie eine glasklare Vision, was Sie glauben, in welche Richtung Gott Sie führt. Sprechen Sie diese Vision mit Ihrem Pastor durch, und klären Sie, ob er diesem Traum gegenüber positiv, negativ oder neutral eingestellt ist. Versuchen Sie, ihn nach Möglichkeit dafür zu gewinnen! Besser wäre es, wenn er diesen Traum mit Ihnen zusammen formuliert hätte. Versuchen Sie, möglichst viele Menschen für Ihre Vision und Ihre Ziele zu gewinnen und bauen Sie daraus Ihre Kerngruppe. Dann finden Sie heraus, welche Gaben in Ihrer Gruppe vorhanden sind. (Lesen Sie zusammen den Gabentest von Christian Schwarz oder führen Sie ein D.I.E.N.S.T.-Seminar durch). Wenn Sie wissen, wer von Ihnen welche Gaben hat, überlegen Sie sich eine Strategie, wie Sie mit den in Ihrer Gruppe vorhandenen Gaben schrittweise den Ist-Zustand in Richtung auf das von Ihnen angestrebte Ziel hin verändern.

24. »Wie oft sollen wir einen Sucher-orientierten Gottesdienst durchführen?«

Die Antwort können wir Ihnen nicht vom Grünen Tisch aus geben, sondern hängt sehr stark von den Gegebenheiten Ihrer Gemeinde ab. Nahezu alle unsere Vorbilder bieten einen wöchentlichen Gottesdienst für Kirchendistanzierte an. Nur so, lautet die einleuchtende Begründung, können sie wirklich etwas aufbauen und geistliche Wachstumsprozesse bei den Besuchern gezielt begleiten. Ein zwei- oder gar vierwöchiger Abstand ist doch recht groß, so dass andere Einflüsse die gute Saat, die in einem Gottesdienst gesät wurde, sehr leicht wieder kaputt machen können.

So sehr wir diese Argumentation nachvollziehen können und ihr zustimmen, hätten wir es in unserer Gemeinde einfach nicht gekonnt, einen wöchentlichen oder vierzehntägigen Gottesdienst für Kirchendistanzierte anzubieten. Wir hätten entweder unsere Mitarbeiter völlig »verheizen« oder deutliche Abstriche in der Qualität machen müssen. Außerdem haben wir bereits so alle Hände voll zu tun, die Menschen, die durch unseren monatlichen *GoSpecial* angesprochen werden, in die Gemeinde zu integrieren. Ein wöchentliches Angebot würde uns auch von der Nacharbeit her vollends überfordern. Darum sind wir bei einem monatlichen Angebot geblieben und glauben auf mittlere Frist auch nicht, dass wir diese Frequenz erhöhen werden. Wir haben die im Laufe der Zeit frei werdende Kräfte lieber dazu genutzt, an den anderen Wochenenden einen zusätzlichen modernen Gottesdienst für Christen und solche, die kurz davor stehen, zu etablieren.

25. »Was ist, wenn wir scheitern?«

Dann haben Sie es wenigstens versucht! Scheitern ist im Reich Gottes überhaupt nichts Schlimmes! Viel schlimmer ist es, nach dem Motto »Wer schläft, sündigt nicht« überhaupt nichts dafür zu tun, dass kirchendistanzierte Menschen Christus kennen lernen! In dieser Hinsicht nichts zu tun ist schlimmer als jedes Versagen! Im Moment ist *Go-Special* sehr erfolgreich. Kann sein, dass das morgen schon anders sein wird. Dann werden wir uns etwas Neues ausdenken müssen, wie wir die Kirchendistanzierten hier vor Ort erreichen wollen. Scheitern ist bei dem Gott, an den wir glauben, keine Tragödie. Wir haben einen Gott, dessen Kraft gerade in den Schwachen und in unserer Schwachheit zur Vollendung kommt. Jesus ist gekreuzigt worden – Sinnbild des Scheiterns schlechthin. Und was hat Gott Großartiges aus diesem Kreuzestod gemacht! Wenn Sie also der festen Überzeugung sind, dass Gott sie in diese Richtung führt – packen Sie es an und haben Sie keine Angst vor einem eventuellen Scheitern. Haben Sie eher Angst davor, dass Menschen verloren gehen, weil Sie aus Angst vor einem eventuellen Scheitern nicht genügend zu ihrer Rettung unternommen haben.

Kapitel 10

»Wir haben einen Traum«

(anstelle eines Nachwortes)

Noch einmal wollen wir Sie einladen, von ganzer Seele und mit aller Kraft zu träumen. Vertrauen Sie darauf, dass Gott uns immer mehr zutraut, als wir selbst es tun, und lassen Sie sich auf dieses unglaubliche Abenteuer ein, Ihre Gemeinde mit neuem Leben zu füllen. In Anlehnung an die großartige Vision Martin Luther Kings verabschieden wir uns in diesem Buch mit: »Wir haben einen Traum!«

Wir haben einen Traum

Wir haben einen Traum,
dass wir in dieser Gemeinde
als Brüder und Schwestern zusammenleben
und dass unsere Liebe ausstrahlt
auf die Menschen um uns herum.
Wir haben den Traum,
dass Gott unter uns ein Klima der Auferbauung
und der Ermutigung schafft
und dass wir barmherzig umgehen
mit den Fehlern, dem Versagen und den Nöten anderer.

Wir haben einen Traum,
dass es uns gelingt, offen zu sein für andere,
herzlich und authentisch,
so dass Menschen
weit über die Grenzen dieses Ortes hinaus
angesprochen werden und kommen,
um bei uns aufzutanken, Glauben zu finden,
um sich Kraft zu holen für ihren Alltag
und Rat für ihre Gemeinden.

Wir haben einen Traum,
dass die Gottesdienste unserer Gemeinde
zu einem Ereignis werden,
das Tausende von Menschen inspiriert,
Christen zu werden und als Christen zu leben.
Dass unsere Gottesdienste zu einer
lebensverändernden Erfahrung werden,
die uns glauben, lieben und hoffen lässt.

Wir haben einen Traum,
dass in unserer Gemeinde

eine Leidenschaft für Gott entsteht;
dass Gott spürbar gegenwärtig ist in unserem
Singen und Beten, Feiern und Arbeiten.
Dass unsere Frömmigkeit authentisch und ansteckend ist,
dass wir brennen für Gott, ohne fanatisch zu werden,
und dass wir Schritt für Schritt
verwandelt werden zu Abbildern der Liebe Gottes.

Wir haben einen Traum,
dass Gott uns eine Gemeinschaft werden lässt,
die die Ideale der Urgemeinde wieder für sich entdeckt
und die geeignete Strukturen ausbildet,
damit jeder Einzelne und die Gemeinde wachsen kann.
Dass wir es riskieren, neue Wege zu beschreiten,
wo die alten nicht mehr weiterführen,
und uns an nichts anderem orientieren
als am Wort Gottes, der Liebe und am gesunden
Menschenverstand.

Wir haben einen Traum
von einer Gemeinde,
in der jeder um seine Gaben weiß
und dadurch persönliche Erfüllung findet,
dass er sie dienend einsetzt
und dabei gute Arbeit leistet –
zum Heil und Wohl der anderen,
zum Aufbau der Gemeinde
und zur Ehre Gottes.

Wir haben einen Traum
von einer Gemeinde,
in der die Leiter leiten, ohne zu herrschen.
In der die hervorragende Gabe
der Leiter die ist,
andere zu inspirieren, aufzubauen
und die in ihnen schlummernden Kräfte
freizusetzen.

Wir haben einen Traum
von einer Gemeinde,
in der jeder einen Kreis von Menschen findet,
mit denen er zusammen
über Fragen des Glaubens und
über die persönlichen Belange des Lebens reden kann.
Wir träumen davon, dass solche Gruppen
uns befähigen, in unserem Alltag als Christen zu leben
und der Gemeinde zu dienen.

Wir haben einen Traum.
Es ist der Traum
von der Kirche des neuen Jahrtausends.
Es ist der Traum von einer Gemeinschaft,
in der Jesus im Mittelpunkt steht,
in der die Lebendigkeit Gottes erfahren wird
und von der Kraft und Licht ausgeht
in die Welt um uns herum.

Wir sind davon überzeugt,
dass Gott mit und durch uns
eine solche Gemeinschaft schaffen will,
und wir wollen alles dafür tun,
dass wir hier in unserer Gemeinde
nicht nur vom Leben träumen,
sondern diesen Traum leben. AMEN.

Anhang

Empfohlene Veröffentlichungen

Bittlinger, Clemens/Fabian Vogt: »Die Sehnsucht leben. Gottesdienst neu entdeckt«. München 1999.

Douglass, Klaus: »Glaube hat Gründe. Wie ich eine lebendige Beziehung zu Gott finde«. Stuttgart 1994.

Douglass, Klaus: »Gottes Liebe feiern. Aufbruch zum neuen Gottesdienst«. Emmelsbüll 1998.

Douglass/Scheunemann/Vogt: Träume nicht dein Leben, lebe deinen Traum. Asslar 1998.

Douglass/Scheunemann/Vogt/*GoSpecial*-Team: »Der Gottesdienstkatalog«. Asslar 1998.

Eickhoff, Klaus: »Gemeinde entwickeln. Für die Volkskirche der Zukunft. Anregungen zur Praxis«. Göttingen 1992.

Knoblauch, Jörg: »Kann Kirche Kinder kriegen? Ein Modell: OASE – Gottesdienst anders«. Haan 1996.

Knoblauch, Jörg/Bräuning, Heiko: »Gottesdienst à la carte. Warum wir zielgurppenorientierte Gottesdienste brauchen«. Asslar 1999.

Lohfink, Gerhard: »Wie hat Jesus Gemeinde gewollt?« Freiburg 1982 (Neuausgabe 1993).

Scheunemann, Kai: »Kirche für Distanzierte. Das Erfolgsgeheimnis der *Willow Creek*-Gemeinde«. Wiesbaden 1995.

Schwarz, Christian A.: »Die natürliche Gemeindeentwicklung.« Emmelsbüll 1997.

Vogt, Fabian: »So ein Theater. Eine Einführung in die Kunst, bewegend(e) Geschichten zu erzählen«. Wiesbaden 1997.

Vogt, Fabian: »Was würde Jesus zu Harald Schmidt sagen?« (Give-Away). Wiesbaden 1997.

Warren, Rick: »Kirche mit Vision«. Asslar 1998.

Warner, Rob: »Kirche im 21. Jahrhundert. Wer will, dass Kirche bleibt, wie sie ist, will nicht, dass sie bleibt«. Asslar 1999.

Über die Autoren

Dr. Klaus Douglass
ist seit 1989 Pfarrer der ev. Andreasgemeinde in Niederhöchstadt. Dort versucht er, seinen Traum von einer blü-
henden Gemeinde umzusetzen und tragfähige Konzepte
für eine Kirche der Zukunft zu entwickeln. Er ist geistiger
Vater des modernen Gottesdienstmodells *GoSpecial* und
häufig als Redner und Seminarleiter unterwegs.

Kai S. Scheunemann
ist Diplomtheologe und leitet die Editionen »Kirche mit
Vision« und *Willow Creek* im Projektion J Verlag. Darüber
hinaus war er langjähriger Redaktionsleiter der Gemeinde-
aufbauzeitschrift »Praxis«. Seit September 1996 wird er
vom Gemeindeaufbauverein der Andreasgemeinde Niederhöchstadt für die Leitung von *GoSpecial* bezahlt. In Schulungen und Seminaren macht er anderen Gemeinden Mut,
zu träumen und ein Herz für Außenstehende zu haben.

Fabian Vogt
ist Pfarrer, Germanist und Künstler. Er betreut seit April
1998 eine von der evangelischen Kirche in Hessen und
Nassau für *GoSpecial* eingerichtete Sonderpfarrstelle. Er
träumt von einer Kirche, in der auch Literatur, Schauspiel
und Kabarett neue Wege zu Gott aufzeigen. Er ist Mitglied
von »Duo Camillo« und kreativer Leiter von *GoSpecial.*
Veröffentlichungen: »So ein Theater!«, mehrere Kabarett-,
Literatur- und Kinder-CDs, Kurzgeschichtenbände u. a.

GoSpecial-Fakten

GoSpecial
findet (außer in den Sommerferien) jeden 2. Sonntag im
Monat um 16.30, 18.30 und 20.30 Uhr statt (meist im Bürgerzentrum, selten im Gemeindezentrum). Während des
ersten Gottesdienstes wird ein Kinderprogramm angeboten.

Adresse:

GoSpecial c/o Andreasgemeinde
Langer Weg 2
65760 Niederhöchstadt
Tel: 0 61 73 - 32 29 55 • Fax: 0 61 73 - 32 01 73
Internet: http://www.andreasgemeinde.de

Und so finden Sie uns:

Öffentliche Verkehrsmittel:
S-Bahn Linie S3 oder S4 bis Niederhöchstadt, dann zu Fuß
in der Unterführung rechts auf die Steinbachstraße, bis zur
Kreuzung, dann links in die Hauptstraße, bis zur Metzen-
gasse, die Gasse folgend weiter geradeaus bis zum Gemeindezentrum (ab Bahnhof ca. 8 Minuten Fußweg).

Auto:
A66 Abfahrt Eschborn; Richtung Eschborn; dann die
Schnellstraße Richtung Kronberg/Niederhöchstadt; 2. Abfahrt (Niederhöchstadt) abfahren in Richtung Niederhöch-
stadt/Zentrum; an der ersten Ampel links, nächste Ampel
rechts, den Schildern »Bürgerzentrum/Montgeronplatz«
folgen; am Bürgerhaus parken. Dort findet *GoSpecial* in
der Regel statt. Das Gemeindezentrum befindet sich am
Ende des kleinen Fußweges an der Telefonzelle.

Umfrage:
»Wie müsste ein Gottesdienst aussehen, in dem Sie sich wohl fühlen?«

Wir wollen in unserer Gemeinde einen zweiten Gottesdienst einführen, dessen äußere Form weniger an der kirchlichen Tradition, sondern mehr an Ihren Bedürfnssen und Interessen orientiert sein soll. Sie können darum mit dem Ausfüllen dieses Fragebogens wirklich etwas bewirken. Bitte nehmen Sie sich daher die 20 Minuten Zeit, um die Fragen sorgfältig zu beantworten und die entsprechenden Kästchen anzukreuzen.

1. Wie alt sind Sie?

❐ 16–25 ❐ 36–45 ❐ 56–65
❐ 26–35 ❐ 46–55 ❐ über 66

2. Sind Sie …

❐ männlich ❐ weiblich

3. Haben Sie Kinder unter 15 Jahren?

❐ ja ❐ nein

4. Wenn Sie regelmäßig eine Zeitung und eine Zeitschrift (auch Fernseh- oder Fachzeitschriften) lesen würden, welche würden Sie bevorzugen?

Zeitung: _____

Zeitschrift: _____

5. Welches Radioprogramm hören Sie am liebsten?

_____

6. Zwei Fragen zu Ihrem Beruf:

Üben Sie derzeit einen Beruf aus? ❐ nein ❐ ja
Sind Sie Akademiker/in? ❐ nein ❐ ja

7. Sind Sie …

❐ evangelisch ❐ nicht getauft
❐ katholisch ❐ aus der Kirche ausgetreten
❐ freikirchlich ❐ Sonstiges:

8. Wie oft gehen Sie in die Kirche?

❐ fast jede Woche ❐ etwa fünfmal im Jahr
❐ etwa einmal im Monat ❐ so gut wie nie

9. Was hält Sie davon ab, regelmäßig in den Gottes-dienst zu gehen?

❐ Ich habe einfach keine Lust und kein Bedürfnis, regel-mäßig in den Gottesdienst zu gehen.

❐ Ich kann den Ablauf oft nicht nachvollziehen.

❐ Der Gottesdienst ist mir oft zu langweilig.

❐ Der Gottesdienst ist mir zu humorlos und zu steif.

❐ Mir ist der Gottesdienst zu locker und leger.

❐ Mich stören moderne Formen.

❐ Ich kann mit der Liturgie (Gebete, Lesungen, Antwort-gesänge) nichts anfangen.

❐ Es ist nicht meine Sprache, die dort gesprochen wird.

❐ Das religiöse Getue erscheint mir oft nicht echt.

❐ Im Gottesdienst werden mir zu viele Schuldgefühle eingeimpft.

❐ Die Inhalte des Gottesdienstes sind unbedeutend für mein Leben.

❐ Die Inhalte des Gottesdienstes sind unbedeutend für die Probleme dieser Welt.

❐ Sonstiges: _____

10. Welcher der folgenden Aussagen können Sie zustimmen? (Mehrfachnennungen möglich)

❐ Wenn ich in den Gottesdienst gehe, möchte ich gerne Gemeinschaft erfahren.

❐ Wenn ich in den Gottesdienst gehe, möchte ich lieber in Ruhe gelassen werden.

❐ Im Gottesdienst sollte öfter gelacht werden.

❐ Es stört mich, wenn Eltern ihre Kinder mit in den Got-tesdienst bringen.

❐ Die Würde des Gottesdienstes wird gestört, wenn die Leute klatschen.

❐ Jeder soll sich im Gottesdienst so kleiden dürfen, wie er will.

❐ Ich würde das Thema gerne vorher kennen.

❐ Kreative Elemente wie Pantomime, kurze Theaterstü-cke etc. im Gottesdienst fände ich gut.

❐ Sonstiges: _____

11. Bitte vervollständigen Sie den folgenden Satz:
»Predigten erlebe ich oft als _____

12. Wie geht es Ihnen mit der Musik im Gottesdienst?
❏ Ich singe gerne alte Lieder.
❏ Ich singe gerne moderne Lieder.
❏ Egal, welche Musik: Ich singe nicht gerne mit anderen.
❏ Ich fände es gut, wenn unbekannte Lieder vor dem Gottesdienst eingeübt würden.
❏ Optimal fände ich eine Vielfalt von musikalischen Stilrichtungen im Gottesdienst.
❏ Eine Vielfalt von musikalischen Stilrichtungen im Gottesdienst empfinde ich als verwirrend.
❏ Sonstiges: _____

13. Könnten Sie folgender Aussage zustimmen: »Ich hätte gerne, dass unser Gottesdienst im Wesentlichen so bleibt, wie er ist«:
❏ ja   ❏ nein

14. Wir haben derzeit ca. 5–6 Familiengottesdienste im Jahr. Ist das für Sie …
❏ zu wenig   ❏ zu viel   ❏ in etwa richtig

15. Wie sähe für Sie die optimale musikalische Gestaltung eines Gottesdienstes aus?

	sehr viel	viel	teilweise	wenig	gar nicht
Orgel					
Gitarre					
Klavier					
Keyboard					
Klass. Chorgesang					
Mod. Jugendchor o.Ä.					
Band					
Liturg. Gesänge					

Sonstiges: _____

16. Wenn Sie zur Kirche gehen würden –
welche Zeit(en) würden Sie bevorzugen?
(bitte einkreisen oder unterstreichen)

Samstagabend   17.00 17.30 18.00 18.30 19.00 19.30 20.00
Sonntagmorgen   9.00   9.30 10.00 10.30 11.00
Sonntagabend   17.00 17.30 18.00 18.30 19.00 19.30 20.00
andere Termine: _____

17. Welche Themen sollten Ihrer Meinung nach im
Gottesdienst angesprochen werden?

	sehr viel	viel	teilweise	wenig	gar nicht
Auslegung von Bibeltexten					
Glaubensthemen					
Politische Themen					
Ethische Themen					
Allgemeine Lebensfragen					

18. Eine abschließende Frage:
Fällt Ihnen noch irgendetwas ein, das wir tun
könnten, um Sie dafür zu gewinnen, regelmäßig
in unsere Gottesdienste zu kommen?

_____

_____

_____

_____

_____

Die *GoSpecial*-Interest-Karte

An die
GoSpecial-Öffentlichkeitsarbeit
z. H. Herrn Heiko Scheib
Langer Weg 2
65760 Niederhöchstadt

Bitte senden Sie umseitiges Material
gegen Rechnung an:

Name

Straße

PLZ/Ort

Tel./Fax

Ich habe Interesse an:

- ☐ Informationsmaterial GoSpecial (Selbstkostenpreis: DM 10,– inkl. Porto/Verpackung)
- ☐ *GoSpecial*-Kurzvideo (Selbstkostenpreis: DM 15,– inkl. Porto/Verpackung)
- ☐ Termin- und Themenplan des aktuellen Jahres
- ☐ *GoSpecial*-Seminaren in Niederhöchstadt (Mai und November)
- ☐ Vorträgen in meiner Gemeinde (Gemeindeaufbau, Ziele und Werte)
- ☐ Kreativ-Seminaren in meiner Gemeinde (Theater, Musik, Moderation, Predigt u. a.)
- ☐ einem Verzeichnis der »Offenen Gottesdienste« in Deutschland
- ☐ Unsere Gemeinde hat Interesse am Andreas-Netz. Bitte senden Sie mir weitere Informationen.